# ACCLIMATEMENT

ET

# COLONISATION

Paris. — Imprimerie H. Carion, rue Bonaparte, 64,
près la place St-Sulpice.

# ACCLIMATEMENT

ET

# COLONISATION

## ALGÉRIE ET COLONIES

PAR

**Donatien THIBAUT.**

PARIS
JUST ROUVIER, ÉDITEUR
RUE DE L'ÉCOLE DE MÉDECINE, 20

1859

# PRÉFACE.

La Chine ouverte, l'Algérie désormais inféodée à la France, le percement réalisable des isthmes de Suez et de Panama, la transformation possible de l'orient de l'Europe, par conséquent ses vastes territoires voués peut-être au progrès, et les faciles relations internationales; toutes ces particularités appelées à donner à l'émigration un courant, là où la terre semble n'être plus en rapport avec tous les besoins, vers des régions incultes et délaissées depuis des siècles, impriment aux questions d'acclimatement et de colonisation un cachet d'actualité qu'on ne saurait méconnaître.

Et, devant la dépopulation dont semblent menacés certains cantons agricoles de l'Allemagne et de la France, dont les habitants vont au loin chercher une vie meilleure, il n'est peut-être pas hors de propos de vulgariser la notion des inconvénients et des avantages des lieux où convergent depuis quelques années et où devront converger ailleurs, tôt ou tard, les bandes à la recherche d'un Eldorado.

« Les colonistes n'ont-ils pas inventé
« une Amérique où l'on s'enrichit infail-
« liblement, où le pittoresque le dispute à
« l'abondance, où l'on vit pour rien, où
« l'on n'a que la peine de se baisser pour
« ramasser des pépites, où tout homme
« qui possède un fusil et une hache peut se
« créer en huit jours une propriété de
« 3000 arpents et s'y reposer ensuite en
« bon rentier? à l'aide de ce décevant mi-
« rage, n'ont-ils pas persuadé aux faibles
« que, de l'autre côté de l'Océan, peut se

« trouver le bonheur, et n'ont-ils pas com-
« mis le crime de pousser des innocents à
« l'émigration. » (Alfred d'Almbert.)

De grandes illusions sont sorties de la possession de nouvelles terres acquises à la civilisation; ce qu'il y a là de sérieux ne saurait être nié, ce qu'il en résulte de déceptions, il n'importe pas moins qu'il en soit dit un mot.

Les séjours et les pérégrinations de l'auteur en Algérie, en Angleterre, en Belgique, en Hollande, en Prusse, en Suisse, en Italie, en Sicile, à Malte, en Grèce, en Asie-Mineure, en Turquie, en Bessarabie, en Moldavie, en Valachie, en Hongrie et en Autriche, son origine rurale, ses loisirs passés au milieu des franches cultures de l'Oise et de Seine-et-Oise et dans les laborieuses campagnes de la Wœvre-Meusienne, ont inspiré ses appréciations des circonstances diverses de l'acclimatement; et celles-ci trouvent leur confirmation dans une multitude de textes auxquels il a dû être fait des emprunts multipliés à l'appui de la théorie.

Puissent les vrais pionniers du travail des champs en tirer quelque enseignement. Quant aux fantaisistes de la vie agricole, qu'ils aillent où il leur plaira, mais à leurs frais et non plus avec des fonds toujours mieux placés sur les guérets nationaux que sur de lointaines plages.

Que le pays nouveau soit sainement apprécié dans toutes ses conditions; sans cela rien de stable; le sol finit toujours par se délivrer des êtres, quels qu'ils soient, qu'il n'a pas pu naturaliser et qui ne sauraient heurter impunément ses exigences.

# ACCLIMATEMENT ET COLONISATION

> « Mais à Naples, en face de cette belle nature,
> « comment ne pas se livrer aux embrassements de
> « ce ciel, de cette mer et de toutes ces délices qui
> « vous entourent ? Ailleurs c'est sottise que de ne
> « rien faire : à Naples c'est du génie. Je méprise la
> « paresse depuis Saint-Pétersbourg jusqu'à Flo-
> « rence; à Rome je commence à l'aimer, à Naples
> « je l'admire. »
>
> (St-Marc Girardin.)

## I

Les hygiénistes ont défini l'acclimatement : « Un « changement profond produit dans l'organisme « par un séjour prolongé dans un lieu dont le cli- « mat est notablement différent de celui auquel « on est accoutumé et qui a pour effet de rendre le « sujet qui l'a subi semblable, sous beaucoup de « rapports, aux naturels du pays qu'il est venu « habiter. »

Il est d'observation qu'un grand nombre de gens, parmi les hommes habitués à vivre entre les tropiques, sont enlevés dans les deux premières années de leur séjour en France par des inflammations aiguës de poitrine, ou périssent par suite d'affections chroniques des organes contenues dans cette cavité. C'est par réciprocité que l'homme des régions froides ou tempérées, transplanté dans les pays chauds, se trouve exposé, à son tour, à toutes les maladies les plus habituelles des régions équatoriales, la dyssenterie, les maladies du foie, les fièvres intermittentes graves et la fièvre jaune, celle-ci plus spécialement aux Antilles, le choléra aux Indes, la peste en Egypte, la fièvre typhoïde aux affluents de la mer Noire. Ce n'est pas non plus sans quelques inconvénients moindres, il est vrai, que l'habitant du nord de la France va s'exposer aux influences climaturales des provinces du sud, et réciproquement. Mais il s'agit de savoir si l'acclimatement gît autant qu'on le prétend, dans la transformation matérielle, appréciable ou dynamique même, seulement, de l'individu, que dans les habitudes locales, hygiéniques qu'ils s'est appropriées, fatalement, par instinct ou par imitation au bout d'un certain temps de séjour dans le pays nouveau.

L'acclimatement, comme on l'entend généralement en France surtout, est un roman. Il semble devoir être le point de départ d'une foule d'erreurs déplorables, ruineuses pour le pays, puisque c'est sur un malentendu en matière d'hygiène que reposent tous nos systèmes de colonisation.

L'acclimatement médical ne crée pas l'immunité, l'invulnérabilité aux maladies locales, au contraire, il développe l'aptitude aux maladies propres à certaines localités en épuisant l'organisme, en l'usant jusqu'à la maladie qui n'attend plus, pour se développer, qu'une transgression aux us et coutumes traditionnels qui mettent jusqu'à un certain point l'indigène à l'abri des affections endémiques locales ; car l'acclimatement dans les pays chauds, comme le conçoivent quelques hygiénistes, c'est l'étiolement, c'est un état particulier qui n'est pas encore la maladie proprement dite, mais qui constitue un état valétudinaire qui impose, providentiellement, physiquement et moralement, les plus strictes précautions tendant à prévenir l'aggravation d'un mal latent ou en expectative. Laissons parler Rochoux et voyons s'il est permis de considérer comme étant dans un état de santé normal son type d'acclimaté dans les pays chauds.

« Le Français qui débarque pour la première « fois dans une des îles de l'Archipel américain est « frappé du ton de pâleur fiévreuse qui règne sur « tous les visages des blancs, du calme ou plutôt « de l'expression de froideur qui les caractérise et « de l'admirable lenteur des mouvements de tout « le monde. L'image d'une souffrance maladive « l'affecte plus désagréablement encore que celui « de l'indifférence qu'il croit voir sur tous les traits. « Rien de gai, pas une seule physionomie épanouie. « Bientôt le temps le familiarise avec ces impres-« sions. Il change peu à peu lui-même ; il perd « cette vivacité qui nous est si familière ; déjà ses « traits ne sont plus ce qu'ils étaient et il ne tarde « pas à produire sur ceux qui le verront l'effet qu'il « a éprouvé. On dit alors qu'il est acclimaté et que « le sang s'est appauvri. » (Rochoux.)

L'homme, en cet état, procède en toutes choses avec lenteur; sa vie devient une habitude de langueur permanente avec des alternatives de surexcitation passagères. Incapable d'un travail régulier et soutenu, il ne fait plus rien que par saccades. De l'apathie à l'extrême activité, de l'indolence à l'emportement il n'y a qu'un pas. On recherche les émotions fortes, et le besoin d'en éprouver rend l'humeur ambitieuse, entreprenante et hasardeuse. La modération, l'égalité dans les goûts, les plaisirs simples, ne se conçoivent pas dans les pays chauds; il y faut du piment partout. On n'est reputé acclimaté que quand une telle transformation s'est entièrement opérée.

Cette transformation ne s'accomplit pas toujours sans secousse, sans maladie. Le plus souvent les nouveau-venus dans les pays chauds subissent une foule de dérangements qui, parfois, sont assez graves pour amener la mort; mais, après deux ans d'épreuves, si cet état d'énervation dont il a été parlé plus haut est parvenu à se limiter sans complication de maladie organique, on est acclimaté, dit Rochoux, et l'immunité contre la fièvre jaune est acquise, en même temps que l'on devient plus vulnérable aux influences qui procréent les maladies indolentes plus spécialement propres au pays, et qui avaient été jusque là évitées pour la plupart.

Les faits que Rochoux vient d'exprimer sont vrais, mais ils ne sauraient passer sans commentaires.

Il semble pour quelques personnes, qu'une fois l'acclimatement accompli, il n'y a plus rien à redouter pour la santé des gens transplantés loin des lieux où ils ont toujours vécu, et qu'en conséquence, pour la Corse, pour l'Algérie, l'Orient, comme pour les Antilles ou les Indes, une fois deux ans écoulés pour un colon loin du pays natal, celui-ci devra reprendre ses habitudes des temps antérieurs à son acclimatement, exactement comme s'il n'y avait rien eu de changé dans tout son être et dans le milieu où il se trouve plongé.

Pour ceux qui y ont songé, la condition d'acclimaté dans les pays chauds est synonyme d'impuissance, d'incapacité, d'inaptitude aux travaux de colonisation. Tout le monde reconnaît que le blanc dans les pays chauds, une fois rompu à toutes les influences du climat, est réduit à un affaiblissement physique et moral dans lequel la force gît plutôt dans une *fougue emportée qui bientôt se relâche* que dans la permanence et la constance d'action (Rochoux). Dès lors est-il donc raisonnable d'attendre de lui les mêmes services, les mêmes travaux que ceux dont il était capable avant sa métamorphose d'homme des régions froides en homme des régions chaudes; évidemment, non. Et, cependant, tous nos colonistes nous répètent sans cesse : qu'une fois l'homme du Nord acclimaté sous les tropiques, la terre, le sol, tout ce qui l'entoure doit, grâce à ses soins, se couvrir de splendides moissons. Ils n'ont pas réfléchi que, s'il est une condition impérieuse de la vie dans les pays froids, le travail ardent et procréateur qui oblige les êtres, de par la loi de la nécessité, le plus énergique de tous les stimulants, à s'abriter, à se vêtir et à cultiver des moyens d'alimentation, c'est tout l'opposé dans les pays chauds. Là, en effet, la climature ne laisse vivre les blancs qu'autant qu'ils se résignent à ne pas concourir trop activement avec elle à multiplier les produits de la terre. Sous l'équateur on peut jusqu'à un certain point se passer d'habitations, d'un confortable égal à celui des pays tempérés; les vêtements n'ont pas besoin d'être aussi fournis, aussi habituels, aussi coûteux que dans les pays à température moins élevée; quant à l'alimentation, la nature, dans de telles localités, en fait presque spontanément tous les frais, à condition, toutefois, que la population n'y dépassera pas de certaines limites que des endémies fatales, contre lesquelles l'hygiène est impuissante, de concert avec d'autres calamités, déterminent providentiellement.

Dans le Nord, l'homme doit pourvoir à tout pour s'entretenir; dans le Midi, il peut vivre au jour le jour sans la préoccupation éloignée des moyens de satisfaire à tous ses besoins. Bien plus, il lui est enjoint, hygiéniquement parlant, tout le contraire des prescriptions des peuples du Nord. Pour l'homme des pays chauds, le repos, la nonchalance est une précaution naturelle de sa nature contre les causes de mort; pour l'homme des régions septentrionales et tempérées, l'action et le mouvement, le rude travail sont le correctif des influences que peuvent lui arracher la vie. C'est là ce qui fait que l'homme du Nord est toujours en action; sa nature, le climat et ses besoins le veulent ainsi; c'est pourquoi l'Anglais est un si rude travailleur et le spleen la conséquence logique de l'inaction chez lui.

« Tandis que le génie de l'Europe est l'industrie, « le génie de l'Orient est l'oisiveté. » (Général Daumas.)

Tout cela explique pourquoi l'homme des tropiques ou des régions qui s'en rapprochent est nonchalant et incapable d'un travail régulier et soutenu. La pâleur fiévreuse est le signe de la transformation physiologique, appropriée aux exigences des lieux, qui s'est opérée chez les individus des pays froids ou tempérés transplantés sous la zône torride, et ce calme, cette froideur qui caractérise les visages et l'admirable lenteur des mouvements de tout le monde, c'est le résultat de l'énervation économique, cachet de l'impuissance substituée à la validité des temps antérieurs. L'acclimaté n'est plus sujet aux maladies instantanées propres au pays nouveau, c'est vrai, mais à une condition, c'est qu'il sera presque valétudinaire, impropre, par conséquent, à tous les grands travaux du corps ou de l'esprit. Un état fébrile latent qui n'attend qu'une occasion, un refroidissement, pour éclater, lui a fait perdre cette aptitude à la suractivité septentrionale qui l'exposait à toutes les maladies brusques, à toutes les surprises climaturales des températures élevées, fièvres pernicieuses, fièvre jaune, choléra, peste, typhus, extrêmes de tous les états morbides endémiques des pays plus ou moins chauds à divers degrés.

C'est au même titre que les gens des régions chaudes transportés dans le Nord, par leur indolence et leur inaction habituelle, sont exposés aux maladies aiguës du Nord, les affections thoraciques surtout, et leur vulnérabilité à ces sortes d'affections diminue comme leur activité augmente. S'ils persistaient à vivre dans le Nord comme ils vivaient sous la ligne équatoriale, ils succomberaient tôt ou tard aux maladies qui sont plus spécialement propres à la région froide; aussi prennent-ils bientôt l'habitude de se bien vêtir et s'entourent-ils de tout le confortable possible. Leur alimentation, au lieu d'être surexcitante, épicée, devient plus substantielle et moins raffinée; car, telles sont les exigences de la vie active, qu'il faut la substantialité et la quantité d'abord pour la résistance, et telles sont celles de la vie nonchalante, qu'il faut la qualité et les stimulants factices pour arriver au même but, l'entretien d'un état approprié à des circonstances diverses.

Dans les régions qui se rapprochent de l'équateur, l'acclimaté est toujours en butte à une certaine somme de maux tout aussi compromettants pour sa validité, la fièvre et la dyssenterie légères et à toutes les affections lentes des pays chauds. Son aptitude à contracter la maladie a changé d'essence; s'il est devenu moins sujet aux maladies aiguës de transition comme la fièvre jaune, l'hépatite et la dyssenterie aiguë, il est retombé dans une situation qui présente quelque analogie avec celle des sujets lymphatiques du Nord qui sont à l'abri des maladies franchement inflammatoires, mais qui sont toujours exposés aux maladies lentes de l'appareil ganglionnaire et des vaisseaux blancs sous l'action d'un état hygrométrique tout particulier et de la température.

Quand les endémies ont régné, les épidémies suivent; c'est alors que la vulnérabilité des indigènes et des acclimatés augmente, mais en même temps que celle des acclimatés diminue; ceux-ci ont retrouvé le milieu atmosphérique qui leur était antérieurement familier. A la Guyane, les blancs, contrairement aux noirs, se portent mieux pendant l'hivernage que pendant la saison des chaleurs (lettre du gouverneur de la Guyane française au ministre de la marine).

L'acclimatement dans les pays chauds gît bien plus dans des habitudes qui prennent leur source dans l'énervement que dans des modifications organiques absolues, ou, pour mieux dire, celles-ci marchent de pair, elles s'engendrent mutuellement. Le Français à la peau blanche, car les philanthropes en ont imaginé de noirs, ne saurait jamais vivre impunément aux Antilles ou en Algérie même en se soumettant au régime des cultivateurs de la Brie; la nature ne permettrait pas de telles infractions à ses immuables lois. Quand l'homme du Nord arrive dans les pays chauds, quand le montagnard kabyle descend à la plaine, le milieu nouveau dans lequel il se trouve plongé le surexcite d'abord pour l'énerver ensuite, en déterminant chez lui des dépenses de forces inaccoutumées, et lui impose enfin les habitudes des gens de la localité, parce qu'il le met au bout d'un certain temps hors d'état de faire plus qu'eux. Arrivé à cet état d'impuissance, il est acclimaté. Si son organisation métaphysique ou matérielle se refuse aux nécessités hygiéniques du climat, si la volonté de l'homme du Nord ou des regions tempérées survit à l'épuisement du corps par l'action continue d'une molle température, si elle le pousse à persévérer dans la réalisation d'irréalisables projets de labeur qui auraient été conçus au souffle des vents du nord dans les régions froides ou tempérées, tant de violents efforts, hélas! n'en resteront pas moins stériles, la maladie viendra y mettre un terme, les fièvres, la dyssenterie et les maladies de foie dans toutes les localités chaudes, mais plus spécialement les coups de soleil et le choléra aux Indes, la peste sur les bords du Nil et du Bosphore, la fièvre jaune aux Antilles, le typhus dans les marécages Danubiens, la fièvre pernicieuse en Algérie et en Grèce, chacune de ces formes morbides la plus haute expression des maladies endémiques qui déciment le monde. Autrement les populations surabonderaient dans ces riches contrées qu'inondent les rayons d'un soleil splendide dardant ses feux sur un sol d'alluvion toujours renouvelé par les eaux. Si quelques misères immenses n'étaient pas là toujours prêtes à réprimer à point la concentration trop active de toutes les races sur quelques points privilégiés du globe, l'encombrement s'en suivrait et les désastres qu'il engendre fatalement.

En d'autres termes, quand le Français est acclimaté en Algérie ou aux Antilles, que les expérimentateurs veuillent bien y réfléchir, c'est qu'il est devenu Arabe ou Créole, c'est-à-dire, impropre à la pratique permanente et besogneuse des pénibles travaux de l'agriculture française. Il pourra encore cultiver à l'arabe en se sauvant dans la montagne au temps des fièvres, il ne saurait toujours vivre à la plaine sans les moyens de s'y soustraire aux influences endémiques; nul ne reste là invulnérable aux influences humides sans un certain confortable après les effets d'une insolation ardente et sans des précautions incompatibles avec les rigueurs de la vie agricole des pays tempérés.

De même quand l'homme des pays chauds est

acclimaté parmi nous, c'est quand il a dépouillé ses habitudes d'indolence et d'inaction, et que, pour résister à toutes les causes de maladie des régions froides, il en est venu, insensiblement, à savoir et à pouvoir s'agiter à propos, à se bien vêtir contre le froid, à s'alimenter comme il convient pour réparer, soutenir les forces qu'il dépense. C'est là ce qui explique comment les Espagnols, les Portugais et les Italiens des armées de l'Empire résistaient mieux aux misères et surtout aux privations alimentaires de la retraite de Russie qui la rendirent si désastreuse (Larrey). Ceux-ci habitués à se passer d'une alimentation excessive, à l'inverse des soldats du nord de l'Allemagne, se soutenaient mieux avec les mêmes moyens de résistance communs à tous, mais à la condition d'une suractivité ardente de première nécessité par une glaciale température.

Enfin, de même que les travaux des blancs, à mesure que l'on se rapproche des tropiques, élèvent le chiffre de la mortalité pendant les grandes chaleurs (Gustave de Beaumont), de même l'homme des régions chaudes ne saurait non plus subir les rudes travaux des agriculteurs et des manouvriers des régions tempérées sans expiation. Les grands travaux imposés aux fellahs ont assurément fait plus de mal au pays en le dépeuplant qu'ils ne l'ont enrichi en irriguant la vallée du Nil.

« L'Egypte aurait eu 10,000,000 d'habitants dans « sa splendeur, elle en avait encore 3,000,000 en « 1800 ; elle n'en a plus que 1,500,000. » (Hamont.)

Le nègre, chez lui, préfère de beaucoup les misères de la vie d'inaction aux bénéfices funestes d'une vie laborieuse. Le Maltais de la plaine d'Alger ne travaille guère par l'excessive chaleur, ni à la fraîcheur de la nuit; il sait combien les refroidissements qui suivent les abondantes transpirations sont funestes et il n'en risque jamais les dangereux effets. Comme l'agriculteur Mahonnais, d'ailleurs, il ne vient souvent en Afrique que pour retirer momentanément un prix élevé de son travail et acquérir ainsi un pécule destiné à acheter un petit morceau de terre au pays natal.

« *Il leur en coûterait plus, à l'un et à l'autre, pour* « *devenir propriétaire aux environs d'Alger où l'hec-* « *tare se vend* 10,000 *francs, que dans leur patrie.* » (Bulletin du *Sig*).

## II

Le Romain, comme le Turc qui lui ressemble sous tant de rapports, se soustrait tant qu'il peut aux rigueurs d'une insolation ardente par la sieste. Dans les grandes chaleurs d'été, il n'y a guère que des Français et des chiens, dit-on, dans les rues de Rome. Quand le soleil est haut en juillet ou en août les rues de la ville éternelle sont aussi désertes que celles de Paris à deux heures du matin, et, quand arrive le frais du soir, tous les Romains quittent le Pincio pour se soustraire aux pernicieuses influences de la nuit. C'est que, dans les pays chauds, tout est subit; le jour et la nuit, tout est contraste; l'aube et le crépuscule sont instantanés, et, des deux températures heurtées qu'engendrent successivement presque sans transition l'action solaire et le vent de l'Apennin ou la brise de mer, résulte la nécessité d'une hygiène qu'il est périlleux de méconnaître. A Constantinople, la grave lenteur des Turcs leur épargne les dangers du refroidissement qui détermine sitôt la colique chez les étrangers toujours en mouvement par les ruelles accidentées de Stamboul et de Galata ou temporairement exposés aux fraîcheurs du Bosphore, si pénétrantes dans l'immobilité du Caïque.

Le régime et les habitudes des peuples des différents climats leur ont été imposés par des nécessités fatales auxquelles nul ne saurait impunément se soustraire; or, que veulent les colonistes pour la plupart? Une impossibilité absolue : que leurs instruments trouvent le moyen de vivre dans les pays chauds comme ils vivaient dans les pays froids, le milieu étant changé, que l'homme n'en subisse qu'un premier effet sans la conséquence obligée, qu'il reste aussi ardent travailleur sous un ciel de feu qui l'amollit qu'au pâle soleil du Nord qui le condamne à l'action.

Le concours des nègres dans les pays chauds est indispensable pour les grands travaux de la terre; il est impossible, là, d'exploiter fructueusement le sol sans l'aide des noirs sous la direction intelligente des blancs. Sans nègres, nulle colonie florissante dans les régions tropicales! Dans les pays chauds les nègres peuvent seuls impunément se livrer, dans une certaine mesure, à de rudes travaux, c'est là leur privilége de nature; à nous celui de les diriger et de faire que notre domination vaille mieux pour eux-mêmes que la vie misérable de Guinée, ce despotisme sans nom que les philanthropes par état appellent la liberté des nègres.

Il est constant que l'homme est d'autant moins vulnérable aux influences paludéennes chaudes qu'il a plus de sang nègre dans les veines, qu'il s'éloigne davantage de la perfection humaine si sensible aux effluves marécageuses. A chacun donc sa mission providentielle; aux nègres le travail dans les pays chauds, dans des limites restreintes toutefois; aux blancs, celui des pays froids et tempérés. A chacune des deux races il faut une climature spéciale; autant la climature des terrains tertiaires et d'alluvion, dans les pays chauds, est funeste aux blancs, autant les lieux élevés et les pays froids engendrent de désastres chez les noirs. A Boston, la mortalité des nègres est trois fois plus forte que celle des blancs, mais, en revanche, la mortalité dans la race nègre, dans les îles du golfe du Mexique, est de plus de cent pour cent inférieure à celle qui pèse sur les troupes anglaises; c'est là ce qui a fait créer des corps de troupes nègres destinés à remplacer des régiments de blancs, suivie, cette mesure, des plus heureux résultats hygiéniques et financiers. Mais là, comme ailleurs, le séjour des troupes nègres dans les lieux élevés leur est fatal. Les races, française et anglaise, travaillent au Canada, dans les états du Nord et à la Nouvelle-Hollande, mais, au sud des États-Unis, aux Antilles et aux îles Maurice et Bourbon, ce sont les noirs. Dans l'Inde, c'est l'Indou; aux Philippines, c'est l'indigène. Dans les colonies hollandaises, à Java, c'est le Malais, et, à la Guyane, c'est le noir. Le Hollandais dirige. Le Portugais n'a jamais travaillé dans l'Inde. Au Brésil, c'est le noir seul qui supporte tous les rudes travaux; le sol ne saurait être cultivé sans le secours des noirs, disent les planteurs.

« Là, le préjugé voue au mépris tout blanc « qui s'avilit jusqu'à porter un objet quelconque. » (Claude Genoux).

## III.

Est-ce donc, après tout, de la philanthropie que l'entraînement de la race européenne sur de funèbres plages substitué à celui des nègres, puisque la race blanche s'habitue moins que la noire encore à vivre bien portante dans les localités où la fièvre est endémique, puisqu'elle ne saurait résider sur un sol marécageux dans les régions chaudes surtout sans une foule de précautions incompatibles avec les exigences de la vie agricole bien entendue, là où, pour rester valide, un bon confortable en aliments, en vêtements, en repos opportun, en habitation est d'absolue nécessité pour elle. De même que l'Esquimau ne saurait subir les rigueurs du climat des pôles sans s'entourer d'épaisses fourrures, sans faire usage d'une alimentation incendiaire et sans feu dans sa hutte, de même l'habitant des régions paludéennes chaudes (fût-il même noir!) ne saurait se soustraire non plus aux mauvaises influences d'un tel milieu sans quelques servitudes équivalentes à d'autres misères de moins beaux climats.

On ne s'habitue pas plus aux influences endémiques d'Afrique qu'aux influences endémiques de la zône septentrionale; seulement, dans l'un comme dans l'autre pays, on résiste plus ou moins longtemps, rarement toujours à ces dites influences;

mais on résiste tout différemment encore en Russie, où le mal (le froid) est sensible, et ne frappe pas insidieusement comme le miasme marécageux, cette tiède et douce fraîcheur des pays chauds, perfide comme un courant d'air dans une transpiration excessive. Dans l'une ou l'autre région, chaude ou froide, le plus grand nombre finit toujours par être atteint d'affections légères, en Afrique de diarrhées, de fièvres, de maladies abdominales plus ou moins intenses, d'affections catarrhales de l'appareil respiratoire surtout dans les régions froides ou tempérées; puis, un beau jour, sous les coups répétés de diverses influences le plus souvent appréciables, ces dites affections, latentes ou légères, s'aggravent, se transforment en fièvres pernicieuses, en hépatites ou en dyssenteries en Afrique, en fièvre jaune aux Antilles, en peste aux bords du Nil, en typhus sur ceux du Danube, en choléra dans le Delta du Gange, en affections endémiques de tout genre dans les pays tempérés et qui en font la constitution médicale, en pneumonies intenses dans les pays froids, et, dès lors, dans l'un comme dans l'autre cas, la mort peut s'en suivre, ou, sinon, en état valétudinaire qui ne devient curable, hygiéniquement, que dans des conditions d'une température plus douce pour les affections du poumon, et loin des pays chauds pour les maladies des régions équatoriales. Le plus souvent ces diverses antithèses morbides n'ont sévi qu'après plusieurs années de séjour dans ces mêmes localités. Il est à remarquer, même, que ceux qui sont atteints de cette façon doivent cette prérogative à leur acclimatement, et, de plus, si cet état latent qui précède l'explosion morbide, dans les deux températures extrêmes, a couvé jusqu'au retour du prétendu acclimaté dans le pays natal, la maladie qui en est le couronnement n'éclate qu'après l'arrivée. Ainsi, qu'un homme du Nord vienne habiter l'Algérie deux ans, que, ce laps de temps expiré, il s'en retourne *acclimaté*, il sera redevenu vulnérable à des influences qui, précédemment, n'auraient pas eu prise sur lui; la fièvre éclatera quand il sera rentré dans ses foyers. Qu'un Suédois soit venu se réchauffer un instant au soleil du Midi, à son retour, les affections catarrhales de l'appareil respiratoire seront plus fréquentes chez lui que précédemment. C'est le froid qui agit le plus souvent comme cause occasionnelle des maladies des pays chauds ou des pays froids, aussi bien sous le soleil implacable d'Afrique qu'au voisinage des pôles; c'est encore le froid qui donne la fièvre dans les plaines calcinées de l'Attique et du Péloponèse. Nulle influence marécageuse n'existe dans les poudreuses et brûlantes campagnes qui avoisinent Mycènes ou Thyrinthe; est-il un territoire plus grillé que celui de Carvathi ou d'Argos, que celui d'Éleusis et de Daphné! mais la brise de mer et les vents glacés des montagnes voisines fournissent activement aux exigences pathologiques des lieux. C'est le froid d'Angleterre qui provoqua l'explosion des fièvres parmi les troupes Anglaises revenues de l'île de Walcheren où elles avaient séjourné au milieu de tièdes et énervantes émanations marécageuses.

Ainsi la mortalité dans les pays chauds ne survient jamais qu'après les grandes chaleurs. C'ést en octobre et en novembre surtout qu'elle atteint son maximum d'intensité en Algérie (statistique Boudin). C'est, il est vrai, pendant les grandes chaleurs que l'immense majorité de ceux qui arrivent épuisés à l'automne a pris le germe du mal qui doit si souvent lui être funeste, quand l'extrême température qui a sévi sur elle a cessé d'agir; c'est en octobre et en novembre que la peste est le plus souvent épidémique en Egypte; la pluie ou le vent du sud en déterminent le plus souvent l'explosion; or, la pluie, en Egypte, c'est le froid.

« A Smyrne la peste se développe sous l'in-« fluence des pluies. » (Prus.)

## IV

Ce n'est pas impunément que l'on veut aller à l'encontre de la loi hygiénique qui condamne au repos dans les pays chauds pendant le sommeil de la nature, pendant l'été, comme on doit se résigner aux travaux de l'intérieur, dans le Nord, pendant les rigueurs de l'hiver.

Les fraîcheurs nocturnes des marais Pontins et de la campagne de Rome produisent aussi fréquemment la fièvre pernicieuse, que le froid engendre le rhumatisme aigu ou des affections thoraciques dans les climats tempérés. Le soleil et les rosées font, par leurs contrastes, toute l'insalubrité des vastes steppes dénudées de la Bessarabie et de la Crimée. Que le vent du nord vienne à souffler dans les localités chaudes au temps des sécheresses, l'humidité en suspension dans l'air se condense, tombe en brouillard et les fièvres graves éclatent. Les régions marécageuses, en pareil cas, ne sont pas seules atteintes; les parties hautes et parfaitement sèches de la plaine entre Tivoli, Rome et Frascati, par exemple, sont tout aussi maltraitées, alors, que les bords des marais d'Ostie et bien plus que ceux des lacs de Bolsena et de Bracciano. De même, au milieu des plus poudreuses solitudes de la Morée et de l'Attique, pour peu qu'elles soient exposées aux brises de mer ou aux vents coulis des montagnes qui les encadrent de toutes parts. La colonie Bavaroise d'Héraclée et celle de Carvathi entre l'Hymette et le Pentélique, toutes deux mieux pourvues de cailloux que de terre végétale, sont désolées par les endémies des pays chauds. La misère paralyse le peu de forces que la fièvre n'enlève pas au pauvre colon; M. de Roujoux, lui, est mort à la peine sur les 7,500 hectares incultivables qu'il avait voulu fertiliser, et ses fermiers, quoique grecs, en 1853 encore abrités sous ses toitures déchirées, étaient plus à plaindre que le fondateur de Carvathi.

Tout le pays qui environne l'antique cité de Clytemnestre et d'Agamemnon, comme celui de Thyrinthe sur un sol pierreux, est toujours désolé par les fièvres; nulle trace de marais cependant nulle part; sauf quelques maremmes insignifiantes et des roseaux sur les bords de la mer entre Nauplie et Argos, toute la contrée est parfaitement sèche. Quelques oliviers, de l'orge, de l'avoine végètent dans l'enceinte de Mycènes sur le tombeau du roi des rois, tout près de la porte mutilée des Lions, parmi les vielles pierres pélasgiques qui jonchent le sol.

Dans l'enceinte cyclopéenne de Thyrinthe, le

tabac vient à souhait; il est vrai que la ferme modèle qui devait transformer tous les Klepthes en agriculteurs étale ses édifices aux pieds des vieux remparts, mais plus vides de colons que d'élèves encore. Capo-d'Istria en avait fait une école d'agriculture; un émigré florentin en fut le sous-directeur. On n'a jamais pu y réunir que quelques élèves à 25 drachmes par mois. Ce spectre d'école, comme l'appelle le spirituel auteur de la Grèce contemporaine, avait un bâtiment vaste et commode, la France lui avait envoyé de beaux instruments d'agriculture. Eh bien, la maison est inhabitée, les instruments sont rouillés, les terres incultes. Il a été aussi difficile d'y attirer des ouvriers que des élèves ; des femmes seulement, et en très-petit nombre, vinrent y demander du travail dans la détresse.

« Quant aux élèves de l'école, ils comprenaient « bien ce qu'on leur y enseignait, ils étaient tou« jours disposés à l'expliquer à d'autres, mais sans « qu'il soit jamais venu à l'esprit d'aucun d'eux « d'en faire la moindre application. » (About.)

Cette plaine d'Argos quoique cultivée, à la grecque il est vrai, est donc toujous insalubre. C'est bien là que se tenait l'hydre de Lerne, entre les montagnes arides et la mer. Les alternatives de froid venant des montagnes ou de la mer engendraient et engendrent encore des endémies funestes ; le froid sec et le froid humide se disputent tour à tour les forces des hommes laborieux du pays; les montagnes sombres et nues de la Cynurie et de l'Arcadie, les hauteurs de Trézène et d'Épidaure déversent tous les maux sur la plaine. Là, comme à la colonie Bavaroise d'Héraclée et comme à la ferme de M. de Roujoux (ces deux établissements situés sur un sol pierreux et desséché, ce dernier au milieu d'un bassin fermé au nord par les dernières coupes de la chaîne du Pentélique, au midi par les montagnes du cap Colone et de Porto-Raphi, à l'ouest par l'Hymette et à l'est par la mer), tout est ravagé par les fièvres. Des montagnes calcinées, des brousailles incendiées en vue de faire servir les jeunes pousses au broutage des troupeaux, tel est l'aspect du pays agricole.

L'insalubrité de la plaine d'Athènes ne saurait être imputable aux eaux problématiques de l'Illissus et du Képhissos, aux quelques flaques d'eau de mer entre Daphné et Éleusis ; l'air froid des montagnes qui dominent le pays cultivé a bien plus de puissance qu'elle pour avarier la santé des gens de rude labeur épuisés déjà par d'excessives transpirations.

## V

Il semble d'ailleurs que ce soit là une règle générale d'hygiène ; le froid est partout la cause de la plus grande mortalité. En Prusse et en Angleterre la mortalité est bien plus considérable l'hiver que l'été (Boudin — statistique). On pourrait affirmer que ce qui prépare la mortalité dans les pays chauds, c'est une température élevée et que ce qui la détermine, c'est l'abaissement de la température. Dans le Nord, le froid, seul, en serait l'agent occasionnel et déterminant le plus habituel puisqu'il y règne davantage.

« En Algérie, mars et avril, mai et juin sont les

« quatre beaux mois de l'année, quant à la santé géné-
« rale surtout. En juillet, août et septembre les en-
« démies se préparent; le ciel est devenu constam-
« ment serein, plus de pluie, la végétation est ar-
« rêtée, les plantes se dessèchent sous l'influence
« d'un été sec et brûlant, sous des tourbillons d'une
« poussière excessive; tout semble alors frappé de
« stérilité et de mort. Les ruisseaux se tarissent,
» les troupeaux sur les bords des ravins et le long
« des cours d'eau, en cherchant un peu d'herbe,
« soulèvent d'épais nuages de poussière. Les plai-
« nes qui, en avril, étaient encore de larges lacs,
« sont transformées en un désert poudreux, aride
« et calciné. Le sol se fendille, et, de larges cre-
« vasses qui se forment de toutes parts, s'exhalent
« des miasmes délétères, et si le temps est lourd,
« et si les nuits sont souvent insupportables, les
« orages sont fort rares cependant et ne servent
« pas, comme dans les pays tempérés, à rafraîchir,
« temporairement au moins, une atmosphère em-
« brasée.

« Vers la fin de l'été souffle le simoun; alors
« homme, bête, plante, tout ce qui vit porte l'em-
« preinte de la fatigue, de la langueur et de l'acca-
« blement. Les dyssenteries, puis les fièvres ac-
« quièrent alors une intensité remarquable.

« En octobre, en novembre et en décembre la
« végétation commence à renaître, et, en même
« temps que les fraîcheurs et la pluie abondent, les
« dyssenteries sévissent partout. C'est aussi l'instant
« des désastres de tout genre. Les maisons con-
« struites à l'européenne sur un sol trop meuble et
« par cela même sans consistance s'écroulent, les
« ponts, les routes, tout s'ébranle. » (Haspel.)

Les ouragans de la fin de novembre 1850 bouleversaient pour la douzième fois au moins depuis douze ans tous les travaux de la Chiffa.

« En décembre, janvier et février les plaines se « couvrent d'eau et les rechutes des maladies endé- « miques se confondent avec une foule d'autres « affections du même genre. » (Haspel.)

Certes de telles influences ne sauraient être sans effet sur les habitants d'un pays. Hippocrate, dans son traité intitulé : Περὶ αερων, υδατων Καὶ Τοπων, avait déjà constaté les effets des climats sur la santé, les mœurs et les caractères des peuples. Montesquieu et Cabanis se sont inspirés des mêmes idées. Partout le passage d'une température chaude à des influences froides ou humides fait éclater le mal chez le Scythe, chez l'Arabe, comme chez le moissonneur de la plaine de Rome mal vêtu, mal nourri et nullemeut abrité contre les causes de refroidissement accidentelles.

Les maladies de nos troupes vêtues de coutil à Saint-Domingue et en Egypte n'éclatèrent qu'après les premières fraîcheurs.

Les dyssenteries et le choléra de l'été de 1854 en France, au milieu des travaux de la moisson, prenaient aussi le plus souvent leur source dans des circonstances de refroidissement.

## VI

« Il est manifeste que les pays qui fournissent « à l'homme une nourriture facile, surtout quand « la chaleur y vient encore augmenter le penchant « à l'oisiveté qu'inspire l'abondance, énervent les « forces corporelles ! Là, tout invite au repos; les

« organes tombent dans l'inertie. De tels peuples « sont enthousiastes et exagérateurs » (Rostan), et surtout antipathiques au rude labeur.

Le climat, le loisir et la contemplation ont donné à la race patriarchale une imagination plus active, plus féconde et plus religieuse qu'aux races de l'Occident douées, en échange, d'une plus grande aptitude au travail.

« Le ciel particulièrement tiède et serein qui « couvre son berceau y préserve l'espèce humaine « de cette multiplicité de besoins contre lesquels « nous luttons par un travail incessant. Le travail « distrait notre intelligence des choses invisibles; « il fait de notre vie une alternation sans fin de « fatigue et de sommeil. Le corps usurpe ainsi sur « l'esprit. Nous souffrons ou nous jouissons, nous « n'avons pas le temps de méditer. Ces peuples de « l'Orient, au contraire, n'ont presque pas de be- « soins matériels que la nature ne satisfasse d'a- « vance autour d'eux. Les troupeaux promènent « d'eux-mêmes sur leurs pas leur nourriture; la « source roule leur breuvage; le dattier sans cul- « ture mûrit leur pain; le chameau les transporte; « un pan de laine jeté sur trois piquets de bois les « abrite : ils consomment les jours dans la solitude « et dans les longs silences, cette végétation sourde « des idées. » (Lamartine.)

Les Indiens régis par les mêmes influences croient que le repos et le néant sont le fondement de toutes choses et la fin où elles aboutissent. Ils regardent donc l'entière inaction comme l'état le plus parfait et l'objet de leurs désirs; la législation de Foë en est la plus haute expression. Sa doctrine est née de la paresse du climat.

Le monachisme a la même origine, il est né dans les pays chauds d'Orient où l'on est moins porté à l'action qu'à la spéculation.

En Asie, le nombre des Dervichs (moines) semble augmenter avec la chaleur du climat. Les Indes, où elle est excessive, en sont remplies (Montesquieu, *Esprit des Lois*). En Europe c'est là où la chaleur est le plus intense (Espagne et Italie) que les moines sont le plus nombreux. On y donne même à ceux qui veulent être oisifs des places propres à la vie spéculative et on y attache des richesses immenses (Montesquieu). Le farniente, là, est d'aspiration universelle et tous les emplois qui le procurent résument les grandeurs et les distinctions les plus enviées.

« Le travail est un des éléments les plus essen-
« tiels de la civilisation moderne; or le travail est
« mal acclimaté en Espagne. L'esprit d'industrie n'a
« pas passé dans les mœurs, il répugne même,
« dirai-je, à l'indolence nationale. L'Espagnol aime
« à rêver, à prendre le soleil suivant l'expression
« consacrée ; il y a chez lui un certain mépris des
« occupations vulgaires; plein de promptitude
« lorsque la passion le pousse, il s'embarrasse dans
« les détails positifs, pratiques des affaires; il s'en
« détache aisément pour retomber dans une inertie
« orientale. La paresse espagnole a son mot carac-
« téristique, c'est le mot de manana, demain. Le
« mot de manana s'applique à tout, c'est la réponse
« sur laquelle il faut toujours compter. De jour en
« jour, souvent la plus simple affaire traîne toute
« une année, il n'est pas bien sûr même qu'elle se
« termine. Manana est l'argument le plus triom-

« phant de l'indolence castillane; cela dispense « d'agir pour le moment. Chose étrange ! l'instinct « du gain si puissant ailleurs, semble être ici sans « effet. A Madrid même, il arrive quelquefois qu'un « industriel, qu'un marchand, pour peu qu'il n'ait « pas sous la main ce qu'on lui demande, vous ren« voie au jour suivant; s'il est à son repos ou à son « plaisir, même dans l'intérieur de sa maison, il se « dérange à peine. Dans la campagne chacun tra« vaille presque exclusivement pour vivre; chacun « se borne à tirer de la terre le peu qu'elle veut « donner; aussi, en parcourant le territoire es« pagnol, rencontre-t-on des portions incultes, « arides où la charrue n'a point passé ! Le pauvre « reste volontiers dans sa misère, échappant en « quelque façon à la tristesse de son dénuement par « la sobriété extrême à laquelle il s'est accoutumé. « Il est une circonstance qui montre dans tout son « jour la paresse nationale, c'est la facilité avec « laquelle on saisit toutes les occasions de se dé« lasser d'un travail qu'on ne fait pas souvent. On « est surpris dans une ville en voyant la vie indus« trielle s'arrêter, les magasins se fermer, c'est « qu'il y a quelque fête dont on ne soupçonnait « pas l'existence; tout est suspendu, il ne reste « de temps que pour le repos et le plaisir. On « dirait vraiment que le peuple espagnol ne tra« vaille qu'à ses moments perdus et lorsqu'il n'a « rien de mieux à faire, lorsqu'il n'a pas à tenter « quelque révolution ou à battre des mains dans « une course de taureaux. » (L'Espagne moderne. Ch. de Mazade.)

Comme chez les Espagnols, chez les Grecs, en

Italie, les fêtes se répètent plus souvent que les jours ouvrables.

La climature et le sol, par leurs effets sur toutes les circonstances de la vie, influencent plus ou moins heureusement l'état physique et moral des peuples; plus d'un observateur en témoigne et celui-ci entre autres :

« L'Andalousie n'est pas le pays du long espoir et « des vastes pensées; la convoitise n'y mûrit pas « il n'y pousse guère d'ambitieux; l'intrigue, ex- « cepté celle qui l'accompagne d'une guitare, n'y « fait guère de victimes. M. Delatour lui rend cette « justice que c'est le pays le plus paresseux et « peut-être aussi (Dieu lui pardonne) le plus heu- « reux de la terre. La bonne humeur y rayonne sur « tous les visages, rien ne l'altère, pas même la « misère dont les haillons se portent gaiement. Et, « telle est l'influence de ces dispositions naturelles « aux habitants de cette heureuse contrée que « M. Delatour ayant visité plusieurs villages fondés « récemment en Andalousie par des artisans venus « d'Allemagne, ces blonds enfants de la Germanie « lui ont paru les plus aimables gens du monde. Il « avait suffi de quelques jours et de quelques rayons « de soleil pour fondre les brouillards du ciel alle- « mand. » (L'Espagne de M. Delatour. — Cuvillier-Fleury.)

## VII

Chez les peuples du nord de l'Afrique autres que les Kabyles laborieux en toute saison par privilége d'altitude et qui participent du caractère physique et moral des montagnards européens du Midi, une climature un peu plus variable, plus haute et plus basse que celle des Indes, a fait de l'homme un être tout aussi peu disposé au travail, sans qu'il soit aussi réfractaire au mouvement et à l'action.

« L'Arabe déteste le travail, il est essentiellement « paresseux. Pendant neuf mois de l'année, il ne « s'occupe que de ses plaisirs. » (Général Daumas.)

« Pour peu qu'un Saharien soit à son aise, il « ne fait absolument rien ; travailler, c'est une « honte. (Id.)

« Ignorant, grossier, paresseux, menteur, san- « guinaire, cynique, dégradé par tous les vices, « l'Arabe, s'il a des vertus intérieures, n'en a jamais « pour le chrétien. » (Raousset-Boulbon, 1847.)

Un autre coloniste formule en des termes non moins héroïques les mêmes sentiments sur les Arabes :

«Les indigènes sont féroces et voleurs par na- « ture, par tempérament, par éducation, féroces « et voleurs, fatalement, par bosse. Voilà la source « de toutes leurs qualités. Dans la paix comme dans « la guerre, voilà le mobile de toutes leurs actions. « Ce n'est pas leur fanatisme religieux qui les « excite à nous faire la guerre, car ils la faisaient « également contre leurs deys qui étaient musul- « mans comme eux. Ils n'ont aucun des symptô- « mes du sentiment de nationalité, car, depuis que « le monde est monde, ils ont guerroyé entre « eux, et, à présent, loin de se réunir contre l'en- « nemi commun, ils se détestent de tribu à tribu, « et, s'ils ne se battent plus, c'est que nous avons « la bonhomie de nous y opposer. » (Lettre d'un colon au duc d'Aumale.)

« Il était difficile d'obtenir le travail des indigè-
« nes (les Zouaves).

« Il (l'Arabe) aime à ne rien faire, c'est incontes-
« table, mais ce goût lui est commun avec toutes
« les autres nations. Chacun ne travaille que pour
« obtenir ce qui lui est nécessaire... L'Arabe, qui se
« contente de peu, travaille peu, c'est trop juste
« (*Moniteur de la Colonisation*).

« Vagabond par nature, l'Arabe erre sur de vastes
« étendues qu'il ne cultive pas; quand la vermine,
« fille de la malpropreté, s'est trop multipliée à
« l'endroit qu'il habite, il lève sa tente et va la plan-
« ter plus loin pour entreprendre bientôt un nou-
« veau déménagement; aucun intérêt de propriété
« ne l'attache donc au sol (Cl. Duvernois. — l'Al-
« gérie).

« S'il produit et s'il vend ses produits, il enfouit
« l'argent qu'il en retire et le rend ainsi insaisissa-
« ble. Paresseux avec délices, ainsi que nous l'a-
« vons vu déjà, il ne produit, du reste, que très-
« peu (Cl. Duvernois).

« Entre ses mains, l'hectare cultivé ne rendrait
« guère plus de 6 hectolitres de blé.

« Au point de vue moral, l'Arabe est tombé au
« dernier échelon de la dégradation... (Cl. Duver-
« nois).

« Sa femme est une bête de somme qui va cher-
« cher l'eau, le bois, et sur laquelle repose tout le
« fardeau des travaux domestiques (Cl. Duvernois).

« Sa fille est vendue par lui au premier acqué-
« reur qui se présente avec un nombre suffisant de
« douros... parfois en échange d'un mulet, d'un
« cheval ou d'un âne (Cl. Duvernois).

« La femme arabe se prostitue au premier « venu..., elle se donne à qui peut la prendre, elle « se vend à qui veut l'acheter, et elle n'a pas même « conscience de son infamie. » (Cl. Duvernois).

Si parfois elle s'enfuit à la ville, c'est pour se réfugier dans quelque maison de prostitution où le mari va la reprendre.

« Pour l'Arabe, tout est bien qui finit bien; « l'homme a raison qui réussit; l'homme a tort qui « échoue... L'Arabe met toute son intelligence à « ruser... Pour lui la religion n'est ni un frein, ni « un enseignement... c'est un fanatisme sauvage... « c'est un fatalisme stupide... Fanatique, l'Arabe « n'accepte rien, progrès ou leçon, qui vienne du « Roumi. Fataliste, il paresse en comptant sur la « Providence (Cl. Duvernois).

« Les Arabes sont un peuple de carottiers. » (Bulletin du *Sig*, Janvier 1850).

« Comme tous les peuples sobres, les Arabes sont « paresseux, indolents et d'une insouciance du len- « demain sur laquelle n'a prise aucune sollicitation. « Leur intelligence est vive et pénétrante, mais « tournée plutôt du côté de l'impression que du côté « du raisonnement. Tout raisonnement suppose un « effort; or, si les Arabes font tout par élan et par « excès, ils sont tout à fait incapables d'un effort « continu, soit intellectuel, soit physique. Qu'un « besoin présent les excite ou les exalte, leur fou- « gue est indomptable, mais passagère. Ces hom- « mes si sobres, ils passeront trois journées en- « tières dans une *diffa* homérique à se gorger de « viandes et de pâtisseries, négligeant jusqu'au som- « meil pour prolonger le repas. Ces hommes si

« paresseux, ils feront 30 lieues sans s'arrêter, « même pour manger; seulement, au lendemain de « l'élan ou de l'excès, la prostration arrive et elle « est longue. Tout travail d'habitude ne répugne « pas seulement à l'Arabe, il le harasse et l'exté- « nue; et comme ses besoins d'alimentation sont « extrêmement bornés, et que rien ne le sollicite à « produire, sinon l'appat du lucre, il s'abstient sys- « tématiquement de tout travail. Il est très-friand « de légumes, mais comme la culture du jardinage « demande beaucoup de soins et d'efforts, il ne « cultive pas de légumes... c'est tout au plus s'il « plante quelques pastêques, et encore dans les « endroits marécageux, où la pastêque vient sans « culture.

« L'Arabe vit de ses troupeaux et de ses grains, « mais la garde des troupeaux convient à sa na- « ture contemplative et ne demande ni peine, ni « travail dans ces espaces illimités et ordinaire- « ment découverts. Quant à la culture des céréales, « par la manière dont l'Arabe la pratique, vous ver- « rez combien peu d'efforts elle demande. Suppo- « sez un vaste champ parsemé de broussailles, où « pousse l'herbe renaissante de l'automne; sur ce « champ non labouré, l'arabe laisse tomber en pas- « sant quelques grains de blé; cela fait, il prend « une petite charrue en bois et la promène à tra- « vers les broussailles qu'il respecte scrupuleuse- « ment. C'est moins un labour en réalité qu'une « déchirure qui sert à recouvrir la semaille et à la « préserver de la pluie et du vent. En voilà pour- « tant jusqu'à la moisson. La grande opération, le « seul travail réel, c'est la moisson et le battage;

« mais aussi les Arabes y mettent une négligence et « une paresse telle qu'à la fin d'août la moisson, « qui a commencé au mois de juin, n'est pas en« core terminée. Les Arabes perdent ainsi par in« curie une partie de leur récolte (F. Ducuing). »

La manière dont se sème et se récolte le blé en Algérie se précise mieux encore dans le catalogue explicatif et raisonné des produits algériens.

« Le blé dur, *triticum durum*, était la seule va« riété connue des indigènes avant la conquête ; on « le reconnaît à la couleur plus brune du grain, à « son écorce qui craque sous la dent, à sa cassure « vitreuse, à sa farine moins blanche. Quand les « premières fortes pluies d'automne ont détrempé « suffisamment la terre, c'est-à-dire vers la mi« novembre, les Arabes répandent la semence à « volée sur la terre garnie d'arbres, à travers chi« cots et souches de broussailles incendiées; puis, « avec un araire très-simple, ils tâchent de recou« vrir la semence tant bien que mal, tout en don« nant une culture au sol. Cette méthode est la « plus ordinaire dans les terres faciles déjà défri« chées précédemment et par conséquent peu gar« nies de broussailles, surtout de palmiers nains. « Dans les autres on donne le labour avant la se« maille. Quelques cultivateurs soigneux donnent « un second labour pour enfumer la semence ; la « plupart s'en remettent à la pluie pour cette opé« ration. Pendant l'hiver, ils extirpent les grosses « herbes sauvages et irriguent les champs aussi « abondamment qu'ils peuvent. Quand les blés sont « trop forts et trop avancés pour la saison, ils y « mettent paître les bestiaux. La moisson se fait

« chez les indigènes avec une petite faucille à « dent en laissant la paille sur presque toute sa « hauteur. Les gerbes sont battues sous les pieds « des bœufs, mulets et chevaux. Le grain nettoyé « et séché est conservé dans les silos, vastes fos« ses de terre de la forme d'une carafe, que les Eu« ropéens ont dû adopter après avoir introduit « leurs méthodes pour la coupe des céréales et le « battage des grains. »

Telle est l'agriculture arabe et telle est son impuissance à mieux faire que la climature locale excuse jusqu'à un certain point.

## VIII

Sous la même zône, la riche vallée du Nil qui comble les besoins si restreints des fellahs au prix d'un travail excessivement modéré et la chaleur auraient énervé la population, suivant M. Barthelemy Saint-Hilaire. « Là, dit l'auteur des lettres sur « l'Egypte, la terre est si féconde qu'il n'y a que « faire de la labourer dans la plupart des cas. Quand « le Nil se retire, il suffit, comme je l'ai vu faire, de « jeter la semence sur la boue encore détrempée, « et l'on a des recoltes presque fabuleuses... Dans « cette heureuse température, on peut en plein « hiver coucher par terre aussi bien qu'en été, et « l'on s'épargne très-aisément un abri, comme on « s'épargne un vêtement. »

Nonobstant la paresse endémique du pays, sous la pression continue d'un absolutisme implacable, des monuments énormes se sont élevés sur son sol, et cependant « le fellah est absolument au« jourd'hui ce qu'il était il y a 4,000 ans » (Barthelemy Saint-Hilaire), et tout ce qui l'entoure de même.

Qu'est-il besoin pour l'agriculteur de se donner tant de mal! le Nil pourvoit à tout. Si l'homme de peine indigène est insuffisant pour parfaire les grands travaux qui se preparent entre Suez et Péluse, on lui adjoindra des nègres du Soudan plus réfractaires encore, à coup sûr, au travail de longue haleine; mais si l'on veut n'en pas trop prodiguer, à la condition de veiller religieusement à leur entier bien-être après des efforts inaccoutumés.

## IX

Lutter contre la nature par le travail, tel est le levier de la civilisation des régions tempérées. Or, si l'Indien, le Turc, l'Espagnol, l'Arabe des plaines sont déjà si mal disposés au rude labeur, à plus forte raison le nègre y répugnera au plus haut point, ou plutôt il y songe à peine. Celui-là ne lutte pas contre la nature.

« Il s'y abandonne. L'amour physique et la pa-
« resse, voilà son paradis sur la terre. Ses villes
« comme ses villages sont composées de huttes
« misérables et la précieuse calebasse lui fournit
« presque tous ses ustensiles de ménage; les plus
« petites coupées en long avec leur tige lui don-
« nent jusqu'à la cuiller dont il a besoin pour man-
« ger sa bouillie. Veut-il ensemencer un champ?
« il se rend au hallier le plus voisin, met le feu aux
« broussailles, écorche ensuite la terre avec un
« pieu ou avec une pioche, y sème son riz, son
« dourah, son dockhn, son bamieh ou ses haricots

« et s'endort en attendant la moisson. Il coupe « alors ses céréales, les empile à proximité de sa « demeure sans se donner la peine de battre et de « vanner le produit de sa récolte ; c'est un labeur « qu'il fait au jour le jour. Si la récolte manque, il « a pour se nourrir la gomme de ses forêts, quel- « ques tubercules, le lait et la chair de ses trou- « peaux ; car il élève une quantité considérable de « moutons, de chèvres et surtout de bœufs. Les « plus industrieux fabriquent quelques poteries et « tissent quelques toiles de coton. Les habits, d'ail- « leurs, sont chose de luxe. Les hommes ne se vê- « tent qu'à peine et les enfants vont tout nus jus- « qu'à 10 ans. » (Alexandre Bonneau.)

Il n'est pas de serviteur des régions tempérées qui ne fasse à lui seul la besogne ordinaire de 4 noirs libres ou esclaves ; ceux-ci ne se hâtent jamais dans l'accomplissement de leur tâche, ajoute M. Oscar Comettant.

## X

S'il est vrai que l'homme des régions tempérées soit essentiellement cosmopolite, ce n'est qu'à de certaines conditions. Dans les pays chauds il devra s'astreindre aux pratiques de la fainéantise locale ; dans les pays froids, au contraire, il faut à l'homme conquérir ses aliments et ses vêtements, un abri par les plus rudes travaux providentiellement nécessaires, du reste, dans de telles conditions, à la conservation d'une bonne santé.

L'homme des pôles fait plus encore, il s'enfonce vivant dans les entrailles de la terre pour éviter les impressions mortelles d'un froid glacial, quand l'habitant des régions équatoriales est assujetti au supplice de respirer un air embrasé qui le dévore sans qu'il puisse s'y soustraire ; le premier trouve le scorbut au bout de ses trop grandes misères, le second, les maladies du foie qui le minent.

L'homme des tropiques errant au milieu d'une nature resplendissante, accablé du poids énorme d'une chaleur insupportable qui anéantit toutes ses facultés, est incapable, par le fait de son affaiblissement physique, de jouir des richesses dont il est entouré. Dans les deux extrêmes de la situation topographique de l'humanité, ce qui abonde chez l'un manque chez l'autre, indigence de lumière et de chaleur, d'une part, excessive abondance de l'une et de l'autre, d'autre part, avec tous les inconvénients qui s'en suivent.

Le caractère du sol, la nature de ses productions, la température des lieux et leurs rapports particuliers avec tout le voisinage, l'altitude, invitent spécialement à de certaines nécessités, commandent une certaine manière d'être et interdisent qu'il en soit autrement.

Les montagnards des pays chauds ressemblent souvent aux natifs des pays froids ou tempérés ; ainsi les habitants de Quito sous la ligne, placés à une grande élévation, ressemblent à ceux des pays tempérés et la race blonde s'est perpétuée parmi les montagnards de la Kabylie. La tribu Berbère de Chaouia, dans les monts Aurès et les vastes plaines environnantes, composée en partie d'individus à peau blanche, à cheveux blonds, à la taille élancée procéderait des Vandales (*académie des sciences*. — 3 juillet 1848. Guyon).

« Ne trouve-t-on pas, de la base aux sommités « des Montagnes de la zône Torride, tous les pro-« duits du règne végétal! » (De Humboldt.)

## XI

On serait tenté de croire que l'homme du Midi s'habituerait plus facilement à vivre dans le Nord que celui du Nord dans le Midi (Rostan), car les causes de maladies endémiques des pays froids sont plus sensibles et moins insidieuses, par conséquent. Mais l'homme des beaux climats ne saurait impunément s'astreindre aux rigueurs de l'existence des mornes et sombres régions. Il est dans le destin des peuples d'émigrer du Nord au Sud, de descendre des hauts plateaux dans les vallées, des pays pauvres dans des régions plus fortunées. Se porter vers le Nord c'est monter, il faut gravir avec effort; tourner au Midi, c'est descendre : il suffit de se laisser aller, a-t-il été dit déjà.

Là où le froid est intense, il est immédiatement perceptible et il est encore temps de se soustraire à ses mauvais effets, dès l'instant qu'il est perçu; il n'en est pas de même des influences climaturales des pays chauds, mais la tradition hygiénique est presque aussi efficace chez l'homme des pays chauds pour le soustraire aux causes de mort que la sensation brute dans le Nord, là où des besoins impérieux en font négliger les indications si souvent.

Il est des natures impressionnables qui ont subi sans s'en douter dans la ville même d'Alger, à l'abri du miasme paludéen, des alternatives de froid et de chaleur, des effets de brise de mer succédant à des instants de verticale insolation; des fièvres intermittentes graves, des dyssenteries intenses s'en sont suivies. Dans d'autres cas des individus épuisés par la continuité d'une température trop douce, trop uniforme à la plaine sont allés dans la montagne; un air plus vif, un climat d'une autre altitude a bouleversé leur état de santé équivoque, a développé une maladie latente, exactement comme quand, après avoir vécu en Algérie sans y être resté assez longtemps pour que la maladie éclatât là où elle avait été contractée, si l'on vient à rentrer dans les climats tempérés, sous l'influence des moindres refroidissements, la fièvre se déclare, absolument de même qu'elle aurait fait explosion dans le pays chaud au moindre abaissement de la température.

« Un air pur est quelquefois nuisible à ceux qui « ont vécu dans des pays marécageux. » (Montesquieu.)

Certes l'état sanitaire des troupes européennes dans les pays chauds, en général, ne s'améliore pas sous l'influence de la prolongation de séjour. Il semble, au contraire, que les plus valides dans les armées d'occupation sont le plus souvent les nouveaux venus. Deux régiments arrivant directement de France, employés immédiatement au siège de Constantine ne donnèrent presque pas de malades, quand tous les régiments anciens en Afrique, acclimatés, étaient décimés (Boudin).

Les cultivateurs en Algérie s'emparent avec autant d'empressement des ouvriers agricoles européens fraîchement débarqués qu'ils se soucient peu du reste. Les habitants de l'Agro-Romano, hommes *della cattiva aria*, sont incapables des moindres travaux au temps des moissons, dans leur pays même. Pendant les chaleurs, ils ont perdu toute vigueur; ils sont, par le fait de leur acclimatement originaire, hors d'état de dépenser assez de force pour que les affections aiguës, d'essence endémique, puissent les atteindre; les étrangers, seuls, sont valides là où les indigènes sont épuisés (De Tournon — études statistiques). Mais, en même temps, ceux-ci sont décimés par les fièvres et la dyssenterie, nées, la plupart, sous l'influence des refroidissements qui succèdent à d'abondantes transpirations dans les plus mauvaises conditions hygiéniques.

La mortalité des troupes anglaises est plus forte parmi les anciens de séjour que parmi les récents, à Ceylan, à Malte, à Gilbraltar, à Maurice, au cap de Bonne-Espérance, et, cependant encore, dans quelques unes de ces localités il n'y a pas de marécages.

Ce n'est donc qu'au bout d'un certain temps de séjour que l'épuisement se révèle par la série des affections légères des pays chauds habituelles chez les acclimatés; ce n'est qu'exceptionnellement que les formes extrêmes les plus graves des affections des pays chauds éclatent parmi les arrivants soumis au régime voulu par le climat. Dans le choléra, aux Indes, en 1817, les Européens résistaient mieux que les indigènes (*Asiatic — Journal*).

Aux Indes, le choléra, quand il sévit dans la saison froide, n'attaque ordinairement que les natifs. Il est fort rare qu'il atteigne les étrangers. La mort de M. James, procureur de la république près le tribunal de Chandernagor, qui suivit spontanément une attaque de choléra, fut un objet d'étonnement général. (*Gazette des Tribunaux*, 17 février 1851.)

L'histoire, enfin, ne prouve-t-elle pas surabondamment depuis des siècles que la race blonde vit et se perpétue difficilement dans un milieu à température élevée. La race blonde a toujours débordé sur le Midi, et, cependant, c'est à peine s'il en reste quelques échantillons dans les montagnes, là seulement où puissent vivre les races septentrionales dans les pays chauds (Bodichon). En Algérie, la race romaine ne s'est conservée nulle part, et, cependant, le Romain habitait le sol en dominateur et non en cultivateur (Boudin).

« Les villes africaines étaient à Rome ce que « sont aujourd'hui Bastia et Ajaccio à la France. » (Boudin.)

« Et si le juif résiste bien en Afrique, c'est que, « là comme ailleurs, il reste étranger à la culture « du sol. » (Boudin.)

La Grèce et l'Italie furent de tout temps le tombeau des armées gauloises et germaniques. L'Orient, dans les croisades, nous fut-il moins funeste ! Les croisés du Midi résistaient mieux que ceux du Nord toutefois.

La furie française triomphe, au début, des hommes, mais les températures extrêmes et les endémies finissent toujours par l'accabler à son tour.

En 1803, nos 33,000 hommes de l'expédition de Saint-Domingue succombèrent presque tous; ils étaient pour la plupart originaires du nord de la France.

A la Jamaïque périssent presque tous les colons de race blonde.

Cuba et Porto-Ricco sont peuplés d'Espagnols (race brune). La race blonde n'a jamais pu s'y livrer à l'agriculture sans perdre beaucoup de monde; la race brune résiste mieux ; la première a dû recourir à l'esclavage des noirs ; la dernière en a été plus sobre, parce qu'elle pouvait cultiver elle-même, mais à l'espagnole, paresseusement, ou comme le Maltais des environs d'Alger, en se livrant au jardinage avec un abri sous la main, et régie par la tradition hygiénique locale.

La race blonde ne s'acclimate pas mieux aux Antilles, elle ne s'y multiplie pas, elle reste stationnaire, elle y vit mais à la condition de ne pas même cultiver le sol.

A la Guyane, la situation hygiénique des colons blancs est bien moins tolérable encore. Ceux d'Angleterre et de Hollande sont forcés de rentrer en Europe après plusieurs années de séjour, épuisés ou agonisants (Bodichon).

La mortalité des troupes anglaises, aux Antilles, oscille par année de 65 à 85 par 1,000.

Aux Indes, les maladies déciment chaque année les rangs de l'armée anglaise.

Les relevés statistiques estiment que, sur 1,000 hommes, il y en a toujours 129 à l'hôpital et que tout soldat figure trois fois par an sur la liste des malades. Il est des régiments qui voient se renouveler tout leur personnel en quelques années. M. de Valbezen cite entre autres le 98e régiment dont l'effectif, au débarquement, était de 718 hommes, et qui, après huit ans de résidence, ne comptait que 109 hommes du personnel primitif. Quant aux enfants de troupe, on en voit disparaître des générations entières.

Enfin, dans quelques localités des pays chauds fort rares, il est vrai, la mortalité est extrême; Sierra-Leone serait un véritable charnier pour les blancs; il y meurt 483 militaires anglais sur 1,000 par année suivant les statistiques où ait puisé M. Boudin et suivant celles qu'ait consultées M. Bodichon. Dans quelques circonstances la mortalité s'élève au chiffre incroyable de 98 sur 100 par année.

Là, au moins, les nègres vivent bien (Bodichon).

Si l'on compare maintenant le niveau des décès annuels en Angleterre dans l'armée avec celui des pays chauds où elle envoie des troupes, les résultats sont loin d'être en faveur des colonistes les moins fervents, car, en Angleterre, la mortalité n'est que de 21, 1 décès sur 1,000 hommes par année.

Il n'y a pas que les blancs adultes venus des pays froids, qui soient décimés dans les pays chauds; leur progéniture se ressent vivement, aussi, des rigueurs du climat. Dans l'Indoustan, les enfants créoles, nés de parents anglais, n'atteignent que difficilement leur dix-huitième année. Quant à d'autres, deux médecins d'Alger résument ainsi leurs appréciations :

« Les enfants des Européens immigrés en Afri-
« que avant l'âge de deux ans et demi ou trois
« ans n'ont presque aucune chance d'y vivre (*His-*
« *toire statistique et médicale de la Colonisation al-*
« *gérienne* Martin et Foley).

« Le *peuplement* du nord de l'Afrique par les

« Romains aurait mis six siècles à se faire, suivant M. Dureau de la Malle (*Manuel algérien*), « de 202 avant Jésus-Christ à 428 après l'invasion « des Vandales, et cependant la population romaine ne s'étendait ni dans la Kabylie, ni dans « l'Aurès, ni dans la dernière zone du sud où nous « avons des postes aujourd'hui » (*Moniteur de la colonisation*).

## XII

M. Bodichon, pour étayer sa doctrine, assez naturelle du reste, que la race brune (les métis blanco-noirs) est la race qui convienne le mieux à l'Algérie, fait observer que les Portugais se propagent très-bien au Brésil, de même à Goa, tandis qu'en Algérie les hommes de race blonde résistent difficilement au climat, surtout s'ils se livrent aux travaux de la terre, énervés qu'ils sont bientôt par d'abondantes transpirations.

Les enfants de race blonde survivraient bien moins que ceux de race brune. A un autre titre, l'Algérie n'est pas encore le pays qui convienne le mieux aux nègres ; ceux-ci s'y étiolent ou y meurent fréquemment d'affections thoraciques. La colonie nègre du Pirée, en Attique, était loin d'être florissante au temps où l'escadre française stationnait à Salamine, en 1853 ; elle succombait aux maladies du Nord là où les hommes du Nord payent un si large tribut aux maladies des pays chauds.

« Aux Antilles les décès parmi les noirs dépassent chaque année les naissances de 8 sur 100» (Pananti).

Les froids accidentels de l'hiver, en Algérie, sont aussi funestes aux Noirs et aux Arabes même, si on en juge par la mortalite qui régna parmi ces derniers dans l'hiver de 1846-1847, que les chaleurs extrêmes sont nuisibles à la race blonde. Ce qui revient à peu près à ceci que : pour bien vivre en Algérie, il faut calquer les Arabes, les Maltais, les Espagnols, les Provençaux et les Corses dans leurs traditions hygiéniques contre les chaleurs au moins; c'est-à-dire ne rien faire le plus possible quand celles-ci sont intenses.

Ce n'est pas l'acclimatement des hommes, dans aucun pays habité, qui est contestable, mais celui des usages. La vie du Nord, le travail de l'Angleterre, ne sauraient s'importer complétement dans le Midi. Là, pour durer, l'homme du Nord doit enrayer son activité, souvent contrefaire servilement ce qui se fait dans le pays nouveau qu'il vient habiter. Les races septentrionales peuvent se fusionner dans le Midi ailleurs que dans les monts Aurès ou vers Quito, mais au prix de concessions, à des nécessités impérieuses ; et, réciproquement, pour les races du Midi qui seraient tentées de remonter vers le Nord.

Ces Vandales débordés en Bétique n'ont pas seulement pu y conserver leur nom bien vite amolli comme leur personne ; ces rudes fils d'Odin, acclimatés Andalous, sont aujourd'hui des Figaro ou des Almaviva. Il n'est qu'une seule race vraiment cosmopolite, mais modifiée néanmoins encore dans sa constitution physique suivant les climats, c'est la race juive.

La religieuse abstention des pénibles labeurs et la spéculation pure lui conservent partout son type héréditaire.

## XIII

Chez les natifs, dans les pays chauds, tout est dirigé contre les inconvénients de la chaleur; dans les pays froids, c'est l'inverse, tout est organisé en prévision d'un froid rigoureux. Dans les contrées à brusques oscillations températurales l'homme est toujours pourvu des moyens de se défendre des caprices atmosphériques; l'ample burnous de l'Arabe a la même destination que le manteau flottant de l'Espagnol et de l'Italien.

On ne se fait pas plus à l'invulnérabilité, aux causes de la fièvre et de la dyssenterie qu'à celles qui engendrent la pneumonie ou la bronchite. On ne se soustrait bien aussi aux effets d'un froid vif que par des pratiques bien entendues, simples et vulgaires, toujours méconnues cependant dans les masses là où le froid n'est pas une cause d'affections endémiques. Est-il quelqu'un, en France, qui sache mieux qu'un Moujick à quel signe on reconnaît l'imminence de la congélation et les pratiques qui la préviennent!

L'influence paludéenne s'aide habituellement, peut-être toujours, sans que nous en ayons la conscience, de la fraîcheur, celle des nuits surtout après la chaleur énervante du jour, pour engendrer la fièvre, la dyssenterie ou l'hépatite et tous leurs extrêmes dérivés, fièvre jaune, typhus danubien, choléra, fièvre pernicieuse, peste, là où elle sévit puissamment.

La disparité du milieu atmosphérique s'aide aussi, pour engendrer l'endémie, des circonstances de la modification de l'air respirable sous les influences diurnes ou nocturnes et réciproquement. Pendant le jour, et sous l'action de la lumière, les végétaux décomposent l'air : ils absorbent l'acide carbonique et dégagent l'oxygène qui est nécessaire à la respiration des animaux. Pendant la nuit, ce mouvement n'est pas suspendu, il se fait seulement en sens inverse : les plantes absorbent l'oxygène de l'air et dégagent l'acide carbonique qui est impropre à la respiration.

La fraîcheur et l'humidité des nuits d'Egypte, les variations brusques et fréquentes dans la température, les brouillards et les pluies du Delta du Nil, toutes ces influences jointes à celles qui résultent d'une altération chimique de l'air respirable, d'une alimentation misérable en comestibles et en boissons, les mauvais traitements, les mauvaises conditions hygiéniques de tout genre, telles sont les causes qui, isolément, si elles ne peuvent produire beaucoup de mal, réunies, tendent au moins à engendrer la peste en Orient d'après le rapport du docteur Prus.

« La peste succède souvent aux guerres, aux fa-
« mines, aux misères de tout genre. Les ravages
« de la peste ont été partout en raison inverse
« des progrès de la civilisation, de l'aisance et de
« l'observation des lois de l'hygiène » (Prus).

## XIV

L'acclimatement ne saurait donc être autre chose presque qu'une *question de confortable et la transformation, bien appropriée à l'individu, de toutes ses habitudes antérieures.* Envisagé autrement, comme le concevait Rochoux, l'acclimatement ne serait en réalité que la substitution d'un état maladif mal déterminé à un état de validité relative antérieur à l'acclimatement.

L'admission du fait de l'acclimatement *organique* pour les pays chauds emporte comme résultat la même conséquence pour les pays froids où la cause des maladies est plus évidente, plus sensible qu'ailleurs, une température froide plus ou moins basse. Or, qui oserait prétendre que la grande dame russe, constitutionnellement parlant, diffère de la femme du monde parisienne!

La femme de Saint-Pétersbourg ne diffère de celle de Paris qu'en ce sens que l'une a un peu plus besoin de fourrures que l'autre pour sortir au grand air des rudes hivers du Nord. Dans l'intérieur des maisons, on sait mieux se chauffer en Russie qu'en France, et, au-delà de 15 degrés centigrades au-dessous de zéro, les rues de Saint-Pétersbourg sont désertes.

En un mot, on se défend plus contre le froid au Nord qu'au Midi. C'est là ce qui fait surtout que les gens du Nord vivent mieux chez eux que ceux du Midi inaccoutumés encore aux moyens de se mettre à l'abri des effets d'une trop basse température et réciproquement.

Dans les pays chauds, l'indigène sait, paresseusement, d'instinct se soustraire aux effets d'une température élevée et insalubre, infiniment mieux que l'homme des régions froides; tel est l'acclimatement. Il est plus dans l'asservissement aux us et coutumes locaux que dans la métamorphose organique ou dynamique des rêveurs de colonisation, et ces us et coutumes ne sauraient se commander, traditionnels, ils ne s'inspirent pas des prescriptions d'une hygiène savante et raisonneuse, et leur infraction s'expie pour les autochthones et les acclimatés comme pour d'autres. « En Afrique, des « tribus presque entières sont quelquefois atteintes « de fièvres, et les fièvres ne sont pas beaucoup in- « férieures en nombre chez les Arabes des plaines « que chez nos troupes d'occupation placées dans « les mêmes conditions. » (Colonisation, Jaquot et Topin.)

Les habitants des hautes montagnes qui dominent la Mitidja descendus à la plaine ne sont pas plus ménagés que les Européens dans les plaines d'alluvion d'Algérie. Aux Indes, des corps entiers de Cipayes recrutés dans les provinces septentrionales et montagneuses de l'Indoustan ont été souvent entièrement détruits en trois années passées dans les contrées humides et brûlantes du Bengale d'Arracan (Balfour).

Quand Méhémet-Ali voulut autrefois se débarrasser de la soldatesque indisciplinable des Arnautes, il se borna à leur assigner pour garnison le littoral de la mer Rouge; après dix années de séjour dans une telle situation, des 18,000 hommes qu'il avait voulu sacrifier, il n'en restait plus que 400; et ces mêmes Arnautes étaient tous comme leur nom l'indique, originaires de la volcanique Albanie.

Tous les Fellahs voués par le vice-roi d'Egypte aux travaux de canalisation du Nil, sont perpétuellement renouvelés, tant est puissante la mortalité qui sévit parmi eux, enfants du sol cependant, mais d'autant plus vulnérables aux rigueurs de la climature locale qu'ils vivent plus laborieusement là où la tradition et l'hygiène font une loi impérieuse de la vie contemplative. Lors des travaux du barrage du Nil entrepris vers 1825 par Méhémet-Ali, 12,000 Fellahs succombèrent à la peine. On travaillait au bruit de la musique (Emile Barrault-Orient); livrés à eux-mêmes, plongés dans le farniente obligé, nourris de ce qu'il y a de plus malsain (fèves cuites à l'eau, pastèques vertes), et simplement vêtus d'une grande chemise, couchant par terre sur une natte, dans des habitations en terre, ils résistent néanmoins; mais soumis aux travaux obligés que le vice-roi leur impose, l'endémie les décime. C'est surtout parmi les enfants qu'elle sévit avec intensité et ceux qui survivent sont plus ou moins infiltrés et ont le ventre très-développé.

## XV

Dans les pays froids l'inaction est la source d'autant de douleurs au moins que l'action dans les pays chauds.

« Ennui, fatal ennui, monstre au pâle visage,
« Prince des scorpions, fléau de l'Angleterre. »

C'est le spleen qui envahit les gens inoccupés, détraque l'esprit et brise le corps. L'Anglais aisé assez téméraire ou assez malheureux pour quitter les affaires avant la sénilité n'a d'autre ressource, pour ne pas devenir fou, que de parcourir les grandes routes du monde entier sous prétexte d'y voir ce dont il n'a pas autant de souci que de sa triste personnalité; c'est un travail factice qu'il s'impose en expiation des loisirs dont il est incapable. Le Danois confiné dans sa presqu'île par des ressources pécuniaires plus restreintes, a l'activité nationale ou individuelle sans objet, et fournit à l'aliénation mentale un contingent fabuleux.

Dans tous ces pays sans couleur, le suicide est aussi commun qu'il est exceptionnel ailleurs.

## XVI

L'altitude, comme on l'a répété bien des fois déjà, n'est pas, dans les pays chauds, un correctif absolu des rigueurs de la zône torride; au même titre, les marécages des pays froids ne sont pas toujours à l'abri des fâcheux effets d'une température accidentellement élevée. Il est certain que dans les montagnes des pays chauds l'été est infiniment plus salubre que dans les plaines. Il est positif encore que l'infection paludéenne est infiniment moins dangereuse dans les polders de Hollande que dans les deltas des grands fleuves des régions méridionales. Mais si l'on considère, d'une part, que les habitants des montagnes des pays chauds ne peuvent pas se séquestrer absolument dans leurs rochers pendant toute une saison de sécheresse qui dure six mois sans descendre à la plaine et qu'il est des temps, dans les pays froids, où la températura ture est tout aussi élevée pendant la période caniculaire qu'elle peut l'être, parfois, dans les jours les plus rudes de l'été dans la zône équatoriale, on comprendra sans peine que les êtres de ces diverses localités, si différentes géographiquement et topographiquement parlant, puissent assez fréquemment encore être atteints par les mêmes fléaux.

A Ceylan par exemple, parmi les populations qui habitent à deux mille pieds au-dessus du niveau de la mer (Kandy et Badulla), les maladies tropicales sont tout aussi considérables que dans les plaines. Là, il est vrai, on va s'étioler à la plaine et l'on revient provoquer l'explosion du mal sur les hauteurs, exposé à toutes les secousses vives, à toutes les alternatives températurales des situations élevées. Il n'y a pas d'autre manière d'expliquer le développement du choléra, de la fièvre jaune, de la peste, du typhus, des fièvres intermittentes, toutes affections d'origine paludéenne, hors des localités où ces diverses affections peuvent se développer endémiquement. En pareil cas, le mal reste borné à des individualités éparses qui sont allées en prendre le germe ailleurs qu'à la montagne.

Il n'est pas d'autre explication que je sache aux faits particuliers de choléra qui ont sévi en 1832 ou 1849 sur quelques lieux élevés, le mont Saint-Bernard entre autres ; de même pour les cas de fièvre jaune, en 1821, qui éclataient à Alcala de los Panderos chez des individus venant de Séville où régnait l'épidémie, sans qu'aucun autre habitant d'Alcala ait été atteint du même mal. Ainsi peuvent s'expliquer les épidémies de fièvre jaune qui éclatent en pleine mer loin des foyers d'infection endémique, les pestes, les typhus, le choléra, les fièvres intermittentes à distance des points de départ du mal.

## XVII

« La peste a été vue en cent lieux à la fois sans « que ces lieux eussent eu entre eux aucune com- « munication (Prus).

« La peste se développant à Constantinople sous « l'influence des vents du sud et les bateaux d'Egypte « n'arrivant que par eux, on a été tout naturelle- « ment porté à croire que la peste était importée « par les bâtiments nouvellement arrivés » (Prus), bien qu'il n'y eût pas de pestiférés à leur bord.

A Cosseïr, port de la mer Rouge, dans une situation salubre, loin de tout marécage, la peste n'apparaît jamais, si ce n'est qu'il arrive y mourir des pestiférés des caravanes venant de Suez ou du Caire où règne souvent la peste; ces deux dernières villes entourées de murailles et sur un sol bas et humide. Jamais la peste ne s'est propagée à Cosseïr par les pestiférés venus du dehors; jamais de peste en Arabie, et, cependant, les caravanes parties d'Alexandrie y portent des marchandises (Aubert Roche).

Les prisonniers russes venus de Bomarsund sur les navires français, en septembre 1854, étaient décimés par le choléra dont le germe procédait de la place assiégée, tandis que les marins français des bâtiments convoyeurs étaient intacts.

La désastreuse doctrine de la contagion, qu'on ne saurait confondre avec celle de l'infection, n'a pas souvent permis de vérifier suffisamment pour tous encore le dogme que je soutiens, à savoir que : ni la fièvre jaune, ni le choléra, ni le typhus, ni la peste, pas plus que la fièvre intermittente, tous de même origine, ne sont pas contagieux, mais d'origine infectieuse, mais épidémiques parfois, mais surtout endémiques, inféodés tous, plus ou moins, à de certains pays.

Toutes les côtes basses des bords des mers dans

les régions chaudes, réceptacle obligé de tout ce que la vague y rejette, sont des foyers d'infection. Les matières organiques y fermentent et se décomposent; l'argent noircit sous les émanations hydrosulfurées. Les embouchures de tous les grands fleuves, le Gange, le Nil, le Danube, le Rhône, le Tibre, en sont des exemples.

Le Lazaret d'Alexandrie (Egypte) installé contre toutes les règles sur les atterrissements est un vrai cloaque à peste (Aubert-Roche). Le Caire, Smyrne, Constantinople, Alexandrie, presque toutes les villes turques pour mieux dire, campées sur des cimetières, sont infectées de typhus; dans ces diverses localités la peste est endémique, parfois épidémique (Aubert-Roche).

Ces terres, basses jusqu'à l'horizon aux bouches du Nil, du Rhône et du Danube, laissent l'action des vents s'exercer impunément sur les plages désolées, et, ceux-ci, en même temps qu'ils nettoyent l'atmosphère des exhalaisons nuisibles et infectes qui la saturent, en provoquant d'insidieux refroidissements que l'on appelle comme un délice, déterminent les affections aiguës que l'infection locale a préparées.

Dans toutes les villes turques, les immondices, les cadavres de chiens qui pourrissent sur tous les points infectent l'air; Constantinople avec ses accidents de terrain, quand il pleut, déverse toutes ses impuretés vers les points déclives, vers le port, et c'est toujours là que la peste éclate; c'est là aussi que les brises du Bosphore sont le plus appréciables.

A Smyrne, il n'y a que les porcs dans les quartiers chrétiens pour enlever les immondices et les chiens dans les quartiers turcs. Ce n'est guère qu'à trois pieds et demi que l'on y enterre les morts. Là, comme à Alexandrie et à Constantinople, ils sont mal enterrés. Pour en prévenir les mauvais effets, il a été enjoint, désormais, de recouvrir les corps d'un lit de chaux. La pratique des embaumements en Égypte ou de l'incinération des morts chez les anciens était bien plus conforme aux exigences d'une hygiène scrupuleuse.

L'ancienne Egypte avait une bonne police sanitaire maintenant méconnue.

Néanmoins, du travail de M. Daremberg sur l'antiquité et l'endémicité de la peste en Orient et particulièrement en Egypte, il résulte qu'elle y a autrefois régné. Ce serait une illusion de penser à en détruire entièrement le germe. Les textes de l'Écriture en parlent.

La religion alors prêtait son appui à l'hygiène pour étendre, pour généraliser l'embaumement des cadavres et éviter tous les accidents de putréfaction dans une contrée chaude et humide; les Arabes ont manqué à toutes ses prescriptions. On pourrait atténuer les pestes d'Egypte en lui faisant reprendre ses anciennes coutumes. Mehemet-Ali l'a tenté sans succès.

Dans les plus intenses chaleurs la putréfaction ne suit pas l'exposition des cadavres à l'action solaire : Ainsi, après la bataille d'Aboukir, des cadavres laissés sur une plage brûlante étaient desséchés rapidement et sans danger pour la salubrité locale, d'après le duc de Raguse (*Voyage en Orient*).

Les eaux stagnantes dans les régions tiédes sont aussi de puissants moyens d'infection; les bords infects du lac Maréotis près Alexandrie (Egypte), couverts d'insectes, d'animaux et de débris organiques putréfiés, les canaux d'Aigues-Mortes qui débordent de poisson en pleine décomposition, les étangs de Varna pernicieux au même titre, le port infect de Marseille où viennent se répandre les égoûts de la ville, tout cela est loin aussi d'être favorable à la salubrité.

## XVIII

Dans les temps d'endémie, il arrive que l'on isole les habitants des lieux élevés où le mal ne saurait s'incuber, des lieux toujours déclives où il s'est déclaré spontanément, et, de ce que personne n'est admis à venir mourir dans la montagne de maladie contractée à la plaine, on s'empresse de conclure, par voie d'exclusion, à la contagion du mal au bénéfice de l'isolement, et on proclame l'utilité de désastreuses quarantaines. La peur fait mettre sur le compte de l'isolement ce qu'il serait plus vrai d'attribuer à la salubrité locale.

Ainsi, ce qui fait qu'à la Jamaïque une élévation de 2,000 pieds confère aux troupes un état sanitaire identique à celui de l'Angleterre (Boudin), ce n'est nullement leur isolement des populations qui les avoisinent, c'est uniquement l'abstention presque absolue d'un séjour trop prolongé sur les terrains d'alluvion du pied des montagnes pour tous ceux qui veulent éviter les fièvres pendant le règne endémique.

Rien n'oblige les militaires des forteresses anglaises à descendre à la plaine dans la mauvaise saison comme les montagnards pauvres de Ceylan; c'est là ce qui fait l'invulnérabilité des uns et la vulnérabilité des autres aux maladies tropicales, à altitude et à latitude égales quant au domicile. Là, les indigènes souffrent de l'endémie où les étrangers restent sains.

Si la peste ne monte pas à la citadelle du Caire (peste de germinal an IX et en 1835), si le fort qui domine Barcelone a été préservé de la fièvre jaune en 1821, si le choléra, aux Indes, ne monte pas plus sur les lieux élevés que la fièvre jaune au sommet des mornes aux Antilles, que le typhus dans les krapacks danubiens, si les montagnards de la Valachie et de la Moldavie sont à l'abri des maladies de la plaine (le professeur Witt), si les fièvres paludéennes n'atteignaient pas les hommes campés sur les hauteurs qui dominent Navarin (1828, expédition de Morée), si les montagnards de l'Atlas en sont à l'abri, ce n'est pas à l'isolement des hommes ou des choses contaminées qu'il faut en attribuer la cause, c'est seulement à l'élévation des sites préservés au-dessus du milieu infectieux que l'immunité endémique est acquise.

C'est la connaissance de ce fait important d'hygiène qui a conduit le gouvernement anglais à fonder sur divers points élevés des provinces de Madras, de Delhi, de Bombay, des établissements destinés aux convalescents. Il est démontré que les maladies endémiques aux Indes ne se contractent plus à 7,000 pieds au-dessus du niveau de la mer, mais qu'elles peuvent bien s'y développer encore quand les éléments en ont été puisés ailleurs, comme pour les fièvres intermittentes d'Afrique et du delta de l'Escaut (Expédition de Walcheren, 1809), comme pour les fièvres jaunes de Séville et des navires en mer qui éclataient loin des foyers endémiques sans se propager à d'autres individus, sur ceux qui avaient été exposés plus ou moins longtemps auparavant aux influences endémiques qui en avaient été le point de départ.

## XIX

L'endémie paludéenne n'est pas seulement funeste dans les pays chauds ; dans la zone tempérée elle est aussi la source d'une mortalité considérable, et, souvent, elle se confond avec une autre entité morbide qui semble n'être, celle-ci, que l'exagération de la première et le résultat d'immenses misères, ainsi :

Les typhus, dans les guerres de Hollande, succédaient ordinairement aux fièvres intermittentes, d'après Pringle.

Dès l'arrivée des Russes en Turquie en 1828 au milieu des vastes plaines d'alluvion du delta du Danube, les médecins militaires furent tout à coup frappés de la tendance des fièvres paludéennes intermittentes à se compliquer de pétéchies, d'anthrax et de bubons (Boudin).

D'après le docteur Witt, médecin en chef de l'armée russe en 1828, la peste danubienne de Moldavie et de Valachie avec bubons, comme celle d'Egypte, naîtrait sans avoir été importée.

Le professeur *Sedlitz* pense de même. D'après ce dernier, toutes les fois que la guerre a eu lieu entre Turcs et Russes sur les bords du Danube et de la mer Noire, les deux armées ont toujours été frappées par la peste, et la peste, dans ce cas, n'a toujours été, d'après le professeur de Saint-Pétersbourg, que le degré le plus grave des fièvres endémiques du pays.

En automne surviennent les fièvres, puis la peste sporadique, épidémique dans de certaines années.

Chénot rapporte, d'après des médecins valaques, que les tumeurs parotidiennes et les bubons aux aisselles et aux aines s'observent presque tous les ans chez les Valaques. Chénot a laissé un bon travail sur la peste de Transylvanie d'octobre 1755 à janvier 1757.

Quand la peste éclate dans la Turquie d'Europe, c'est toujours plus généralement vers les bords du Danube qu'elle sévit.

Il y avait du scorbut dans la peste valaque de 1828 décrite par Witt.

Le doct Mirolanoff a vu en 1828, à Achiol, des malades atteints de fièvre intermittente pris de bubons et de charbons.

Le doct Rinx, à Andrinople, a vu la même chose (Prus).

L'analogie peut-elle être plus grande, dès lors, entre les maladies paludéennes des rives du Danube et les fièvres avec les bubons du delta du Nil et de l'Indus (Moreau de Jonès, Rapport sur le choléra morbus)!

Les pestes de Londres du XVIe et du XVIIe siècle survenaient de concert avec les fièvres intermittentes communes alors d'après Sydenham et ses contemporains.

## XX

Tout ce qui précède réprouve évidemment l'utilité des quarantaines ; l'Angleterre les a supprimées de fait depuis longtemps et sans le moindre inconvénient ; la France, l'Autriche et tout l'Orient ont fini par faire de même ; Naples et la Russie, au sud et au nord de l'Europe, seules, les maintiennent. Pour ces deux gouvernements ce sont des moyens préventifs de propagande qui perpétuent le dogme de la contagion et ses désastreuses conséquences chez les hyperboréens et parmi les peuplades écervelées de l'état napolitain, rien de plus et la preuve la voici :

D'abord, pour la Russie, la Moldavie et la Valachie condamnées, ces deux dernières, peut-être encore à subir par tradition l'influence russe, si la peste devait leur venir jamais par les bateaux de Constantinople, si elle n'entrait pas chez elles par les ports de Galatz, d'Ibraïla ou de Giurgewo, elle ne manquerait pas de leur parvenir par la voie de terre, rive gauche du Danube, par Orsowa. C'est à Orsowa, en effet, que commence le territoire autrichien où cessent les quarantaines, et, d'Orsowa en Valachie, nul obstacle quarantainaire n'existe plus, exactement comme il y a quelques années encore en France, quand, pour arriver vite d'Orient à Marseille ou à Paris, on passait par Southampton au lieu de venir directement à Marseille où l'on ne pouvait descendre sans le visa de la santé et après plusieurs jours d'attente.

Enfin cette idiote comédie des quarantaines n'est jamais si bien jouée que des contacts fréquents n'en résultent et sans le moindre fâcheux effet. J'ai vu à Giurgewo et à Galatz, sous les yeux du ministre des affaires étrangères de Valachie et en présence de graves boyards, s'opérer le chargement de la houille à bord de notre navire, et j'ai acquis la certitude que les agents des quarantaines sont par fois aveugles, mais plus absurdes encore. Il est admis par les contagionistes obstinés ou salariés à ce titre, que le contact d'un homme ou d'une chose de provenance turque est suspect, et qu'en conséquence tout ce qui vient de chez les infidèles ne saurait franchir leur muraille chinoise avant un certain délai ; dès lors, et les hommes et les choses, sauf l'argent néanmoins que l'on purifie au vinaigre, doivent attendre avant de passer sur la rive gauche du Danube. Mais il est avec le ciel des accommodements, même chez les Greco-Russes orthodoxes ; il faut du combustible sur les bateaux, et, pour l'y apporter, il faut des brouettes ; ces brouettes, on les charge de houille sur la rive moldave ou valaque, et des indigènes bronzés tout ruisselants de sueur les roulent à la hâte sur le bateau à vapeur. Les hommes du navire suspect s'emparent à leur tour des brouettes, appliquent leurs mains là où les autres ont appliqué les leurs, et les exhalaisons cutanées des uns et des autres se confondent. Les individus, il est vrai, ne se touchent pas; l'homme au bâton de la quarantaine, aux si plaisantes évolutions, s'y oppose avec une conscience digne d'une meilleure cause. Mais quand ces brouettes ont passé, chacune 25 ou 30 fois dans l'espace d'une heure, des mains des hommes du bord en celles des hommes du rivage et réciproquement, nul ne s'en trouve plus mal désormais, et le contact n'en passe pas moins toujours pour infailliblement amener l'explosion de la peste.

« Les juifs à Constantinople font commerce de « hardes de pestiférés sans désinfection » (Prus) et sans qu'il en résulte jamais rien de fâcheux.

Dans ces étranges pays tout le monde vit dans l'ordure jusqu'au cou sans qu'il y vienne à l'idée de personne que la peste, qui est aussi légitimement acquise aux habitants que la vermine qui les ronge, pourrait bien leur venir d'eux-mêmes ou du milieu pourri dans lequel ils barbottent, et les quarantaines s'éternisent, et les plus intelligents parmi eux n'oseraient envisager sans frémir la pensée seule de modifier tant soit peu leur béate prophylaxie.

« Là, les habitations des villes sont des cahuttes « et les rues des cloaques, les édifices des han- « gards. » (Dewallon, *Revue des Deux-Mondes*.)

La malpropreté et la misère chez les habitants des bords danubiens sont extrêmes; l'alimentation est mauvaise, les habitations sont humides; les classes pauvres ont partout l'aspect maladif, un air de souffrance et de langueur.

Vis-à-vis des voyageurs les précautions quarantainaires russes, moldaves et valaques sont d'une sévérité inflexible. On fait entrer les arrivants à la quarantaine comme on pousse le bétail à l'abattoir, entre deux haies de gardiens.

A tous les égards les agents sanitaires sont sans pitié pour toutes les inadvertances qui enfreignent leur consigne.

Après le traité d'Andrinople de 1829, lorsque les Russes établirent des quarantaines dans les principautés moldave et valaque dont ce traité les avait rendus les protecteurs, les Turcs, dès le principe, ne pouvaient jamais s'imaginer que le principal but de ces établissements était de les empêcher de débarquer dans ces provinces qui n'avaient pas cessé d'appartenir à leur souverain ; un jour, trois jeunes musulmans de Nicopoli montèrent un canot pour se rendre à Turnul, jolie ville située en face sur le rivage valaque. Les factionnaires russes leur firent signe de ne pas approcher sans que ceux-ci s'en aperçussent; on tira sur le canot ; un des Turcs fut frappé à mort et les deux autres se hâtèrent de retourner à Nicopoli. L'état sanitaire de la Turquie était alors parfait.

Une autre anecdote importée de Grèce, ce petit royaume infesté de coupeurs de routes et habité par toutes sortes de gens, se retrouve encore dans mes souvenirs.

Les quarantaines n'avaient pas encore été supprimées au Pirée ; une famille nombreuse y débarque, et, parents et amis de tout âge, de tout sexe viennent au devant d'elle. Un enfant mal surveillé s'approche de l'un des nouveaux débarqués et le touche, une femme se hâte d'étendre le bras pour retirer l'enfant du funeste contact, une autre personne fait le même mouvement pour arrêter la propagation des anneaux de la chaîne suspecte et arrive aussi trop tard, et ainsi de suite ; bref, un groupe de gens tout entier y passa ; le contact avait eu lieu sur tous par l'intermédiaire d'un seul; tout entier il dut entrer en quarantaine.

A Smyrne, du temps aussi des quarantaines, jadis, on apportait de l'extérieur au lazaret la nourriture des internés, et ce qu'il en restait retournait toujours dehors pour servir à l'alimentation de ceux qui l'avaient préparée.

Ces jongleries des quarantaines, cette double grille en bois qui limite votre horizon, ces gens armés d'un bâton pour se garer d'un contact compromettant, ces baquets devant les grilles, ce réchaud purificateur, ces pièces en fer pour saisir les objets, toutes ces pratiques qui préconisent l'isolement et qui font un devoir de l'abandon, tout cela est bien suivant l'esprit des brutales superstitions tartares et la logique des extravagances napolitaines.

Médecins ou administrateurs contagionistes, pour être conséquents avec vous-mêmes, après avoir approché un pestiféré, vous devriez vous séquestrer du reste des animaux, bêtes et gens, car, selon vos préceptes, vous ne seriez plus que des intermédiaires de pestilence et de mort !

A Naples, c'est encore un autre motif qui perpétue les quarantaines. La quarantaine donne des emplois, et, supprimer celle-ci, c'est retirer leur macaroni à ceux qui vivent d'elle comme on vivait autrefois à Paris des ateliers nationaux. Les bons temps ne reviendront donc plus, me disait dolemment un vieil employé de la santé : autrefois, au temps des vraies, des sérieuses quarantaines tout ce qui arrivait du Levant à Naples était déballé ; aujourd'hui c'est à peine si l'examen quarantainaire porte sur la moitié des colis ; alors, au moins, il y avait bon nombre de gens occupés à déficeler et à reficeler les ballots et les bonnes mains affluaient de toutes parts. Là où l'on farfouille les bagages des voyageurs les distractions ne sont pas impossibles !

A Marseille, les mêmes raisons ou à peu près retardèrent la suppression des quarantaines. Mais un gouvernement vigoureux passa outre ; on n'en est pas plus malade pour cela.

La vraie, la bonne, la seule quarantaine efficace contre les endémies, contre les épidémies même ne consiste pas dans toutes les muscades des contagionistes et d'un absolutisme brutal, mais dans les conditions d'un bien-être et d'un confortable réels et qui peut se résumer ainsi :

## XXI

Ardée a de tout temps passé pour le lieu le plus insalubre de la campagne de Rome. Le pays, à l'entour, n'est qu'une riche et verdoyante prairie. Le moyen d'y rester bien portant toujours, disait un gros réjoui du pays à Bonstetten, c'est de faire comme moi.

« En été il fait dans les vallons une chaleur « étouffante pendant le jour, et, au coucher du so-« leil, un froid subit insupportable. Les pauvres « ouvriers mal vêtus, mal nourris, mal abrités, mal « conseillés se couchent quelquefois sur l'herbe « pour se rafraîchir. Ils en meurent. Pour moi, je « rentre dans mon logis, je mets un manteau ou « bien je me chauffe. Dans les mois mortels d'août « et de septembre, les vents sont réguliers ; le « matin vent d'est, à midi vent d'ouest, le soir un « vent du nord glacé. Comment se pourrait-il que

« dans un désert, sans autre abri que quelques « cavernes ou quelques masures dégoûtantes ou- « vertes à tous les vents, des ouvriers baignés de « sueur, sans manteau pour se couvrir, sans nour- « riture chaude pour ranimer l'épuisement ne fus- « sent pas influencés par ce froid subit. » (Bonstetten.)

Il n'y aurait donc dans les pays chauds pendant la chaleur, pour rester valides, que des gens oisifs ou peu occupés, là où l'inaction physique semble devoir être une condition de longévité. Aucun sénat en Europe a-t-il jamais compté autant de vieillards que le sacré collége, où les octogénaires soient si nombreux ?

Dans les autres situations extrêmes de l'échelle sociale la maladie, au contraire, décime l'espèce sous le coup des mauvaises et des plus déplorables conditions hygiéniques. Dans le pays d'Ostie, par exemple, ce n'est pas seulement la malaria, le mauvais air qui enfièvre les rares habitants des mornes solitudes; le régime alimentaire, la privation d'abri, de vêtements, d'eau douce, que sais-je! et une misère incommensurable tendent, de concert, à provoquer les mêmes fins, l'épuisement des sources de la vie chez les êtres misérables condamnés à l'indigence locale.

Un petit pâtre fiévreux des environs d'Ostie affirmait à Bonstetten qu'il savait bien ce que c'était que de la viande, qu'il en avait mangé une fois dans sa vie. Pour ma part j'ai eu occasion de causer avec quelques-uns de ces spectres vivants des embouchures du Tibre. L'un d'eux, livide pâtre dans l'île d'Apollon ne vivait, depuis plusieurs mois, que de morue salée ponr aliment, d'eau-de-vie pour boisson, et n'avait nulle aspiration qu'il en fût autrement, abruti qu'il était dans son lot de misère. Cette indifférence de l'homme pour lui-même dans cette poétique désolation s'étend à tout ce qui l'entoure. Là, les paysans n'ont nul souci de leurs bêtes; on y laisse oublieusement à l'attache et affamés des chevaux qui, laissés en liberté, trouveraient à quelques pas leur pâture.

« Tel est le résultat de l'abandon universel où « l'homme arrive lorsque les lois qui devraient pro-« téger le faible ne font plus que l'opprimer. Dans « les sociétés perverties les lois de la propriété « sont précisément celles qui font mourir de faim. « C'est là, il est vrai, qu'est porté le plus loin l'ex-« trême indigence des ouvriers de la campagne de « Rome. Qu'on les interroge sur ce qu'ils font « quand ils sont malades. Nous mourons, répon-« dent-ils. » (Bonstetten.)

Tel est encore ce lieu de refuge jadis inviolable pour tous les criminels sur les terres du cardinal Albani. Si elles n'y meurent pas suspendues au gibet, toutes les figures patibulaires qui viennent encore se soustraire là à la vindicte de la loi humaine ne manquent pas d'y expier leurs forfaits sous le coup d'une puissante malaria. Là, il est vrai, les eaux stagnantes sur de grandes surfaces peuvent satisfaire aux exigences du dogme de l'infection paludéenne, mais sans tout pouvoir expliquer cependant; là, comme ailleurs, plus qu'ailleurs, c'est toujours le contraste des jours chauds et des nuits humides qui fait le plus de mal, et, dès l'instant que la température est d'une façon permanente hygrométriquement la même, l'endémie s'arrête. Ainsi, ce n'est que pendant les sécheresses que les fièvres sévissent; mais aussitôt les premières pluies d'automne survenues après les grandes sécheresses, le mauvais air disparaît. C'est en août et en septembre que les fièvres sévissent le plus vivement.

Tous les ouvriers temporaires de la campagne de Rome, pour se mettre à couvert des mauvaises influences du climat, n'ont qu'à peine de misérables huttes improvisées çà et là à la hâte. L'administration française, sous M. de Tournon, avait voulu imposer l'obligation aux possesseurs ou aux exploitants du sol d'établir des constructions destinées à défendre les moissonneurs des désastreuses influences climatériques locales, et ses efforts sont restés stériles. Les ouvriers temporaires de la campagne de Rome, toujours étrangers au sol qu'ils cultivent, sont plus négligés que les plus viles bêtes de somme d'aucun pays du monde. Il faudrait un code blanc pour ces esclaves adventifs comme on a fait un code noir pour les esclaves achetés en Afrique, de bons abris, une bonne alimentation, le repos à certaines heures d'une trop ardente insolation, l'obligation de se tenir à couvert pendant les fraîcheurs du matin et du soir. L'administration papale n'a su depuis rien faire de mieux, pour suppléer à tout cela, que d'organiser des ambulances qui vont à travers champs relever les morts plus spécialement parmi les moissonneurs. Telle est la charité officielle sur la terre évangélique par excellence! On ne s'abstient pas d'y traiter les malades, mais on ne fait rien pour prévenir la maladie comme on fait vivre les pauvres sans nul souci de parer à la pauvreté qui s'éternise.

Les plus importantes exploitations agricoles se font presque sans bâtiments ; la ferme de Campo-Morto, 3 lieues au nord-est de Nettuno et d'une contenance de 8,400 hectares, appartenant au chapitre de Saint-Pierre et affermée jadis 120,000 fr. (de Tournon) n'a pas autant de bâtiments qu'une ferme de 200 hectares du nord de la France. A Campo-Morto, pays d'extrême insalubrité s'il en fut, les ouvriers couchent le plus souvent sur la terre nue ; ils dédaignent fréquemment de s'organiser des baraques en jonc. Quant au régime alimentaire, on fait la polenta. Il n'y a que le caporal de la troupe qui ait constamment sa tente et un cheval. Chaque jour la fièvre frappe quelques moissonneurs ; le caporal les met sous son abri avec un peu d'eau acidulée. Le jour même, mais surtout vers le soir, instant fatal d'insalubrité, une charrette vient les prendre pour les conduire à l'hôpital voisin, à 10 ou 12 lieues quelquefois. Il en est de ces moissonneurs, pendant le travail, qui s'éloignent de leurs compagnons tremblant la fièvre et qui vont mourir dans un fossé.

Après la moisson les bandes décimées retournent aux montagnes comme elles étaient venues, au son des intruments, le caporal en tête, un aumônier parfois à leur suite.

L'aspect des maremmes de Toscane, de Grossetto et de Volterra est le même que celui des maremmes pontificales ; même insalubrité, même culture, mêmes pratiques. Là, aussi, la raison paludéenne pourrait à elle seule tout expliquer, mais dans cent autres points de l'État Romain où il existe à peine quelques flaques d'eau stagnante, l'insalubrité est toujours la même. Les ruines amoncelées sur ces terres dévorantes comprises entre Bolséna, Monte-Fiascone et Viterbe couvrent toutes des plaines malsaines au plus haut point. Les champs de blé y paraissent cultivés par des mains invisibles; ni fermes, ni maisons auprès. Là, comme dans tout l'Agro-Romano, les céréales ne remplacent qu'à de longs intervalles les pâturages spontanés.

La petite ville de Montalto (8 lieues au nord-ouest de Civitta-Vecchia) est le siége d'une riche culture l'hiver et au printemps et n'est que désolation l'été. Alors hommes et troupeaux regagnent la montagne. La ville, il est vrai, est avoisinée d'étangs et de marais.

Cornéto, qui a 3,000 habitants l'hiver, est déserte l'été. Elle a des salines auprès d'elle.

Partout les divers modes de culture sont subordonnés à l'etat sanitaire du pays. Dans les côteaux sains, culture laborieuse, variée, intelligente; autrement, quand le mauvais air exile les habitants d'un pays, ceux-ci ne peuvent se livrer qu'à l'alternement inégal des céréales et des pâturages. C'est dans de tels pays, pour les travaux dangereux de leurs villas malsaines, que les patriciens Romains aimaient mieux employer des salariés libres que leurs esclaves de 6 à 8,000 sesterces (2,000 francs environ pièce. Atticus — d'après Dézobry. — Rome sous les Césars).

Les choses n'ont pas changé; aujourd'hui comme autrefois l'homme de la plaine, l'esclave des patriciens modernes, le client des princes Romains, des corporations et des confréries qui possèdent tout le sol sert ou encense ceux qui nourrissent sa paresse ou son impuissance, et ce sont encore des armées de montagnards des Abruzzes qui labourent, ensemencent et moissonnent les plaines pontificales. On ne vit guère dans l'horizon de la ville éternelle que de finesses ou d'aumônes, fort peu de travail. La mendicité, le brigandage aussi y ont toujours été d'habitude et l'agriculture en honneur. On ne fait cas que des choses rares; là où on chante l'agriculture, c'est que celle-ci n'y est qu'un accident, là où elle est générale on n'y fait pas attention. Les cardinaux et les prêtres de Rome étaient jadis subventionnés par tout le monde chrétien. A Rome, dit Montaigne, chacun prend sa part de l'oisiveté ecclésiastique, Rome ne vit que des ruines du passé et du commerce exclusif de la vie future. Rome s'alimente du superflu des touristes. Rome n'exporte que de la pouzzolane, des haillons, des antiquités et des tableaux. Rome, l'Italie toute entière ont vu tarir toutes les sources d'expansion qui aiguisaient jadis leurs forces. Elles expient dans des regrets ou des aspirations impuissantes leurs envahissements universels.

La population de Rome race puissante, bien abritée, bien défendue contre les influences climatériques, pourrait encore être laborieuse ; la constitution politique la voue à l'inaction. Chez elle les forts se mettent au régime de l'élixir Leroy ou se font moines.

Rome, par sa latitude, commence déjà à se ressentir des impérieuses sujétions d'une température élevée; là les professions qui n'en sont pas s'avouent; un cicérone ose exprimer, si on ne rétribue pas assez cher son inutile et fastidieuse intervention : *qu'il gagnerait davantage en travaillant.*

Un peu plus loin, à Naples, le lazzaroni refuse le travail quand il a dîné. Tel est le souci, je ne dis pas de l'avenir, mais du lendemain chez cette vermine humaine d'un pays trop privilégié.

Ailleurs, à Smyrne, en Orient, la femme mariée ne travaille plus, les mères vivent du travail de leurs filles dont elles retardent le mariage le plus qu'elles peuvent pour vivre à leurs dépens, et celles-ci n'aspirent à trouver un épouseur que pour ne plus rien avoir à faire à leur tour.

« Aux Indes, la paresse est le mobile de toutes « choses. Là, personne ne se sert de ses forces, « on ne marche pas, on se fait porter. Pour bêtes « de somme on a des esclaves, pour instrument « de locomotion des palanquins de soie qui s'a« vancent lourdement à travers les rues. » (Blackvood. — S. Magazins.)

## XXII

On a attribué au défrichement des bois l'insalubrité de plusieurs points de la campagne de Rome, comme on a attribué à la culture l'assainissement de diverses autres localités. Il serait téméraire de le nier; la coupe et la destruction des grandes forêts par les papes à la fin du XVIIIe siècle et au commencement du XIXe vers les marais Pontins et Nettuno a dû assurément modifier l'hygrométrie locale. Enfin les vents frais et humides viennent souvent se briser sur les forêts qui arrêtent ainsi leurs fâcheux effets. Mais si l'insalubrité est souvent moindre là où il y a des forêts que là où il n'y en a pas, c'est que là où il n'y avait que des bois il n'y avait pas de rudes travaux agricoles à subir au soleil et absence presque absolue d'habitants, par conséquent, sur lesquels les endémies pussent s'exercer.

Ainsi, c'est au défrichement d'un bois au nord de Saint-Paul hors les murs qu'on rattache l'insalubrité, survenue depuis, d'un couvent situé sur la route d'Ostie : un fait semblable aurait été observé vers Albano.

Ce dénuement d'arbres dont cette terre tourmentée par tant de lois meurtrières des environs de Rome est affligée n'est assurément pas sans influence sur la salubrité. Quand des plantations n'auraient pour effet que d'amortir à l'ombre de leur feuillage les coups d'une insolation dévorante et de restreindre tant soit peu les si tranchés et si insidieux contrastes hygrométriques du jour et de la nuit, les endémies en seraient probablement d'autant atténuées ; une température diurne moins sèche et plus égale par conséquent s'ensuivrait et la salubrité aussi. La Pouille et la Campanie, tout le Milanais tout parsemés d'arbres ne sont-ils pas salubres, cultivés et fertiles en même temps ! Or, serait-il donc insensé de prendre là des indications tendant à venir en aide à la nature dans les limites de nos humaines ressources !

Les fièvres finissent aussitôt que les pluies commencent, c'est-à-dire aussitôt que les oscillations températurales et hygrométriques se sont infiniment restreintes. L'humidité permanente, en pareil cas, semble donc être le correctif du mauvais air. Or, les végétaux, les grands arbres la règlent. C'est sur cette donnée toute rationnelle qu'étaient basés les projets de replantation du bord des grands chemins dans la campagne de Rome sous l'administration française. Cette grande œuvre avait été commencée ; les évènements qui suivirent la chute du premier empire et la réaction contre les idées nouvelles ont tout anéanti des travaux d'assainissement de l'agro-Romano.

Ce vieux texte emprunté à Varron : « Non arbo« ribus consita Italia est, ut tota pomarium videa« tur! » (toute l'Italie n'est-elle pas tellement garnie d'arbres qu'elle a l'air d'un verger !) ne semble-t-il pas indiquer qu'une foule de plaines actuellement nues n'ont pas toujours eu le même aspect. Ce n'est pas une raison cependant d'admettre sans restriction qu'autrefois les marais Pontins pouvaient bien renfermer vingt-trois villes ; ces villes d'alors n'étaient évidemment composées que de cabanes en canouches. La ville d'Albe ne fut-elle pas détruite en une demi-journée!

« En ce temps-là une poignée de foin au bout d'un bâton, nommée *Manipulus* était le premier étendard des Romains.

« Rome, jadis, était ce qu'est Auteuil,
« Quand ces enfants de Mars et de Sylvie,
« Pour quelque pré, signalant leur furie,
« De leur village allaient au champ de Mars,
« Ils arboraient du foin pour étendard. »

(VOLTAIRE, *Défense du Mondain.*)

Quatre siècles après Énée, sous Numa, le temple

de Vesta n'était encore qu'un tissu d'osier recouvert d'herbes aquatiques.

Sous la latitude de Rome la salubrité déjà n'est complète, en définitive, pour les individus voués au rude travail de la terre qu'à de certaines conditions de site, d'élévation ou de bien-être.

Arricia, par exemple, a des cultures variées et salubres. Capo-di-monte près Naples, aux couches de terre inépuisables et toujours remuées, a une population saine et active ; là, les brises qui viennent rafraîchir les ouvriers des champs n'ont rien de funeste pour ceux qui n'outrepassent jamais la limite des forces qu'il leur est permis de dépenser. D'ailleurs le sol est suffisamment ombragé et, par conséquent, l'équilibre entre les extrêmes de température n'est jamais bouleversé.

Partout le mode de culture se subordonne à l'état sanitaire du pays, et, là où l'inaction à temps devient une condition de conservation de la santé, il faut savoir se soumettre.

En pareil cas l'Arabe au vaste territoire si varié se réfugie dans les sites choisis, pendant la saison meurtrière dans les endroits les mieux abrités.

## XXIII

Si l'on ajoute, maintenant, à ces influences qui viennent d'être signalées celles qui dérivent d'institutions ne tendant qu'à l'abaissement des peuples, on ne saurait voir ailleurs la raison de l'énervement de ceux qui les subissent toutes à la fois.

« La non transmissibilité de la terre par hérédité « que quelques utopistes appellent de toutes leurs

« forces, en éloignant les populations des travaux « agricoles dans les domaines de main morte, ont « dépeuplé la Turquie, la Grèce, l'Asie mineure, la « Syrie, l'Arménie, la Perse, l'Arabie, l'Egypte et « les pays barbaresques. Dans ces États, sauf la « Grèce qui a cessé d'être régie par la législation « musulmane (mais qui n'en vaut pas mieux), il n'y « a de propriété que les valeurs mobilières, et ce « n'est pas travailler pour les siens et pour soi que « de cultiver et d'améliorer les produits de la « terre. » (Babinet.)

L'indivisibilité des grands domaines dans quelques principautés allemandes en y neutralisant la petite propriété pousse les populations à émigrer, à tel point que dans le Meklembourg les bras agricoles manquent réellement.

En Italie, mêmes causes et mêmes effets séculaires. Aux Lucullus, aux Crassus, aux Nâreisses et aux Pallas succèdent les Aniciens, et, aux Aniciens, les églises et les couvents ; puis enfin, le népotisme de la Rome papale. Toujours de grands propriétaires qui succèdent à d'autres grands propriétaires. On abandonne la culture des terres parce que celles-ci ne peuvent plus faire concurrence aux largesses des empereurs qui nourrissaient gratuitement le peuple de Rome. Rome depuis les triumvirs jusqu'à la république francaise a presque toujours vécu aux dépens des autres nations.

## XXIV

Le rude travail, le labeur méthodique, réglé, fixe de la culture des céréales dans les pays chauds, poussé au-dela du strict nécessaire local, entraîne au déni de tous les principes, de toutes les règles de l'hygiène.

Au Brésil l'émigration allemande expie dans une mortalité excessive des efforts réprouvés par une foule de servitudes locales; la culture du caféier entre autres, par une chaleur tropicale, exigerait un repos réparateur; les chicos, les mosquitos, les vampires ou chauve-souris, les lézards, les fourmis et les scorpions ne laissent pas dormir les malheureux européens (Deutsche-auswanderer-zeitung).

En Egypte où le blé se cultive sur une grande échelle, mais par voie de contrainte, la race y est épuisée partout et les hommes sont rares, faibles et agonisants (Le Nil, *Revue de Paris*, novembre 1853). A misère égale, la mortalité est bien plus grande là chez les Maltais et les Grecs d'Egypte (travailleurs), chez les Fellahs enfin, que chez les Turcs et les Arabes qui ne font rien et qui ont des valets pour tenir, bourrer et allumer leurs pipes, des valets pour tenir leur mouchoir, des valets pour chasser les insectes qui pourraient les forcer à sortir de leur état permanent de Poussahs, et ces valets ont qualité d'officiers chez les grands, celle d'esclaves chez les riches.

Dans la huerta de Valence (Espagne) au sol si prodigue, les hommes n'y sont que des femmes et les femmes rien, suivant le proverbe espagnol, tant le travail de la plaine y énerve la race.

La pastorizzia, en définitive, tout bien considéré, donne infiniment plus de profit au possesseur du sol dans l'état romain et en Algérie que la culture du blé. Dans l'une et l'autre contrée la main-d'œuvre est hors de prix, les travaux sont plus multipliés qu'en France dans la première surtout, et tout y concourt à ne rien changer aux séculaires usages.

Si la culture du blé intervient parfois volontairement à côté de la pastorizzia, c'est toujours en vue d'y renouveler la qualité du pâturage toujours meilleur après la récolte du froment.

« L'Arabe n'aime pas l'agriculture qui le rend « esclave de la terre, qui le fixe au sol; mais il aime « la pastorizzia, et la Bible nous répète assez qu'il a « toujours été pasteur et nomade » (Gastineau), polygame enfin, comme aujourdhui, comme avant, comme après l'invasion Mahométane, comme au temps de Saluste, alors que l'historien de la guerre de Jugurtha écrivait.

« Les Numides aiment mieux laisser leurs terres « en pâturages que de les mettre en labours. Ils « ont plus ou moins de femmes à proportion de leurs « biens. Les uns en ont jusqu'à dix, les autres da- « vantage et les rois en ont toujours plus que leurs « sujets. Si bien que leur esprit dissipé par la mul- « titude ne prend nul attachement particulier et « que, traitant sans honneur toutes ces femmes, « ils n'en considèrent pas une comme leur com- » pagne. »

Durant les années 1853-54-55, l'appat du lucre a lutté victorieusement dans la production des céréales contre la paresse traditionnelle des Arabes. Mais que le blé descende un jour de 30 francs à 15 francs, les Arabes ne se donneront pas plus la peine de faire leur récolte que les Espagnols de l'Estramadure qui ne consentent jamais à moissonner au-delà de leurs besoins.

« Pourquoi les Arabes ne soignent-ils pas mieux « et leurs cultures et leurs récoltes? pourquoi ne « font-ils pas provision de fourrages? ah, c'est qu'il « faudrait se condamner à des soins et à des efforts « dont ils sont foncièrement incapables. » (F. Ducuing.)

Tant de raisons n'encouragent guère à tenter l'aventure des grandes entreprises agricoles comme quelques colonistes les conçoivent là où le travail s'entoure de tant de périls.

Toutefois, ce que l'administration française avait déjà essayé d'obtenir dans l'état pontifical sous le premier empire, le gouverneur de l'Algérie le tentait aussi au 10 février 1857 dans la colonie. La circulaire du maréchal Randon a pour but d'amener les tribus à prendre des dispositions pour épargner à leur bétail l'effet des rigueurs de l'hiver, c'est-à-dire de préparer des fourrages et des abris. C'est une nouveauté pour les Arabes ; si le résultat n'est pas ce que nous le rêvons avec nos idées d'Europe, ne serait-il qu'incomplet, ce serait toujours un progrès et on doit l'espérer.

A Guelma 700 faulx ont été distribuées aux indigènes. Du côté de Batna les tribus ont fait des meules de fourrages. Vers Milianah des Arabes emploient la faulx et quelques uns la charrue française (*Moniteur de la colonisation*, juillet 1858); mais, en général, la première leur répugne comme trop lourde à leur paresse ou à leur impuissance.

Le désastreux hiver de 1856 a été une leçon pour les tribus imprévoyantes. Puisse-t-il être la source de quelque tradition d'économie rurale calquée sur les nôtres !...

## XXV

Par plusieurs des raisons qui précèdent, M. Boudin a mis sérieusement en doute la réalité de ce prétendu acclimatement des colonistes (Études sur la mortalité et l'acclimatement de la population française en Algérie); le docteur Périer, de la commission scientifique, lui, admet l'acclimatement, mais aux conditions suivantes : Les pommettes se décolorent, le teint bleuit, l'embonpoint s'efface, les forces physiques diminuent et la tendance au repos qui survient se prononce de plus en plus. Plus tard la nutrition est moins active, l'appétit se perd, la trame organique s'use en des proportions inaccoutumées, enfin les rides apparaissent, l'individu vieillit vite comme on dit; d'autre part, les facultés intellectuelles et affectives doivent aussi payer le tribut en participant à l'atonie générale. Après plusieurs années de séjour l'homme a revêtu comme une teinte d'indigène, il en accepte les mœurs et jusqu'à un certain point la tournure d'idée (De l'acclimatement en Algérie).

Un homme grave résume ainsi les effets de l'acclimatement chez le soldat :

« La véritable situation de celui qui revient « d'Afrique après quatre années de séjour est celle « d'un homme vieilli de vingt ans. Le malheureux « a oublié son état; il ne peut plus rien en Afrique « et malheureusement bien peu en France. » (De la colonisation de l'Algérie, — Enfantin.)

Au moins, disent les colonistes, si les individus nés en Europe loin des bords de la Méditerranée s'acclimatent difficilement en Algérie, les enfants des Européens, en naissant en Algérie, s'y développent tout acclimatés. Mais, hélas! les enfants d'Europe y meurent presque tous en bas âge sur cette terre funèbre ; plusieurs médecins Worms, Périer, Boudin, Martin et Foley en témoignent assez libéralement ; les officiers généraux Fabvier, Castellane, Cavaignac de même. Ce dernier met en doute la possibilité de l'acclimatement pour les races du Nord en Algérie (de la Régence d'Alger). Le général Duvivier formule autrement la même pensée. « L'expression qu'une masse d'hommes en-« voyés en Afrique s'y est acclimatée est inexacte, « dit-il ; il n'y a pas eu acclimatement, il y a eu « triage fait par la mort. » Le général Cubières (Chambre des Pairs, 29 juin 1836.) concluait ainsi en matière d'acclimatement en Algérie : « Plus « nos soldats servent sous cette latitude, plus ils « s'affaiblissent. » En un mot le Français ne peut pas s'acclimater en Algérie à l'état de *travailleur* et son enfant ne peut pas s'y élever. L'acclimatement, c'est-à-dire cette transformation dynamique ou matérielle de l'homme d'un climat en un autre homme d'un autre climat ne se peut donc comme nos colonistes le prétendent. L'acclimaté dans les pays chauds, avant tout, est, par cela même qu'il est acclimaté, incapable de tout labeur continu.

« Les émigrants de race allemande peuvent être « regardés comme les martyrs de la colonisation « africaine. » (Bulletin du Sig.)

Sous les Turcs, avant 1830, la Mitidja aurait eu 80,000 laboureurs arabes suivant quelques publications récentes ; c'est possible, mais alors ces 80,000 ruraux arabes n'avaient rien de la sédentarité non interrompue de nos paysans de l'Ile-de-France sur le sol cultivé. La Mitidja pouvait bien contenir 80,000 âmes pendant huit mois sur douze, pendant l'hiver spécialement, quand les troupeaux venaient s'y abriter des froids de la montagne et jusqu'en mai où les Kabyles venaient aider à la moisson de la plaine ; mais, pendant l'été, à coup sûr, la Mitidja était presque aussi délaissée que l'Agro-Romano à pareille époque et pour les mêmes motifs.

La Mitidja pourvue d'une population agricole permanente, sérieuse de 80,000 individus se fût présentée à ses derniers envahisseurs sous l'aspect des campagnes de Naples et du Milanais, tandis qu'elle s'offrit à nous dans le plus complet abandon, la plus sauvage indigence, et bien que, maintenant, depuis l'occupation, la colonisation agissante n'ait jamais atteint un chiffre de 20,000 âmes, il y a plus de champs bien cultivés à coup sûr qu'il y a trente ans.

C'est qu'aujourd'hui on cultive à l'européenne là où la colonisation a pris racine, là où autrefois on ne cultivait qu'à l'arabe. Mais un problème reste toujours à dégager. Tout compensé, avances et profits, où est l'économie, entre la culture telle qu'elle de nos colons et celle des indigènes si misérable qu'elle soit mais si peu dispendieuse?

La culture des indigènes, dit M. Léonce de Lavergne, est barbare sans doute, mais effective... Ce sont eux qui portent sur le marché le plus de produits et au plus bas prix. Il n'est pas bien sûr que leur système de culture, qui exige très peu de frais, et qui est celui des longues jachères usité dans tous les pays peu avancés, ne soit pas le plus approprié à l'état actuel du sol et du climat.

L'Arabe produit tout ce qui lui est nécessaire ou à peu près sans débourser d'argent.

Deux ou trois hectolitres de blé, quelques fruits, guère de légumes, de la viande à peine, du lait de vache ou de chèvre, de l'eau, en voilà assez pour l'alimentation annuelle d'un cultivateur arabe, quelque chose comme 40 centimes par jour.

Son vêtement n'a rien d'onéreux, il est héréditaire.

Son logement, c'est une chambre ou une tente, son mobilier une natte.

Ses transports ne lui coûtent que du temps, rien pour lui...

Tel est ce producteur économique que la colonisation française refoule chaque jour davantage, et qu'y substitue-t-elle ?

Chaque année sur 40,000 nouveaux arrivés que gagne l'Algérie, il y en a 35,000 qu'elle perd par la fièvre, la nostalgie, le découragement, suivant M. Cauvain, or, il faudrait 2,500,000 colons à l'Algérie ; dans combien de temps ce chiffre sera-t-il atteint ?

D'après M. Perier, il n'y aurait qu'un seul moyen de propager en Algérie une espèce de travailleurs capable de résister au climat, l'implantation d'une race de sang mêlé, le mariage de la race indigène avec la race étrangère ; telle serait, suivant ce médecin, la seule chance de pouvoir fonder en Algérie une postérité durable (De l'acclimatement en Algérie). Il espère ainsi rapprocher l'Évangile et le Coran sans plus d'effort.....

## XXVI

Le dogme chrétien fait une loi du travail et du mouvement aux peuples du Nord et des régions tempérées ses plus fervents adeptes qui ne sauraient vivre dans l'immobilité; le dogme mahométan, lui, au contraire, religion plus spéciale des pays chauds légitime l'inaction et le repos parmi ceux qui ne pourraient vivre dans les fiévreuses préoccupations d'une lutte perpétuelle contre les influences énervantes d'une climature trop douce; le christianisme de Grèce, d'Espagne et d'Italie s'imprégne déjà des mêmes tendances.

Dans les pays froids le corps et l'esprit s'engourdissent dans l'oisiveté; dans les tièdes et molles régions l'âme reste toujours vivante et semble n'avoir besoin que du ciel pour penser. Chez les peuples de l'Orient le fatalisme fait passivement supporter toutes les douleurs. Les endémies en déciment les populations et nul ne s'en effraye; c'était écrit : tel est leur irréfutable blasphème contre la raison. L'inquiète recherche des moyens de se soustraire aux fléaux qui les accablent n'ébranlent plus chez eux aucune réaction.

Ces funestes influences qui pèsent si lourdement sur les races indigènes, « qui tuent les trois quarts « des petits enfants en Grèce » (About), comme dans tous les pays chauds parmi les blancs, flagellent avec non moins d'intensité les nouveaux venus sur les brûlantes plages.

Nonobstant l'endémie infanticide, ou peut-être à cause d'elle dans les pays chauds, la race humaine n'en persiste pas moins à faire les plus grands efforts pour multiplier. « Toutes les mères « de famille en Grèce, par exemple, ont en pitié « les femmes qui ont le malheur d'être stériles ; à « cet égard leur émulation devrait avoir doublé « en vingt ans la population du royaume ; mais la « fièvre y met bon ordre. En été les enfants meu- « rent comme des mouches. Ceux qui vivent ont le « plus souvent les jambes maigres et le ventre « ballonné jusqu'à l'âge de treize ou quatorze ans. « Les parents sauvent ceux qu'ils peuvent et ne « s'inquiètent pas beaucoup à pleurer le reste : ils « savent que jusqu'à treize ans la vie de leurs en- « fants est provisoire. Je demandais un jour à un « haut fonctionnaire combien il avait eu d'enfants. « Il compta sur ses doigts et me répondit : Onze « ou douze, je ne sais; il m'en reste sept. » (About, *la Grèce contemporaine.*)

La Grèce émancipée a vu depuis 1830 sa population s'accroître d'un grand tiers.

Quand, par hasard, les races des régions chaudes ont pu importer leurs institutions sur le domaine plus spécialement réservé à l'activité septentrionale, les résultats n'en ont guère été durables ; la tradition hygiénique et religieuse des Arabes sera toujours une outrecuidance en Europe, comme celle des races teutoniques au pays des Palmiers.

Voyez ce qu'est devenue sous la domination des Turcs l'Europe mahométane ; est-il rien qui la recommande au monde civilisé (Châteaubriand. — *Itinéraire de Paris à Jérusalem*) ! Les environs de Constantinople sont incultes, les rares vallons cultivés qui entaillent la forêt de Belgrade, quelques prairies vers les aqueducs de Phyrgos, voilà tout ce que les Turcs ont su faire des plus excellentes situations agricoles du monde. A Constantinople (Stamboul), écrivait un moderne observateur, je n'ai reconnu que « les déplorables conséquences « d'une paresse invétérée, d'une incurie calculée, « d'une barbare interprétation des livres saints « qui enseignent aux enfants du prophête à ne se « considérer que comme des oiseaux de passage « en ce monde. Peuple nomade et guerrier autre- « fois, les Turcs veulent encore avoir l'air de cam- « per sous la tente. Ils bâtissent quelquefois en « pierre, mais ils ne réparent jamais. » (Doct. — Maynard.)

L'abandon des traces du passé à l'action lente et destructive du temps ne pèse pas seulement sur les vieux monuments, sur les vieilles routes de l'époque du Bas-Empire, mais bien sur le sol lui-même. Bouleversement de la raison! Aux portes de Constantinople même, une fois au-delà des cimetières, la terre la plus riche est inculte; à 2 kilomètres à peine des premières maisons de la grande cité, ville de 600,000 âmes, le désert commence, les chemins se perdent dans les sentiers ravinés qui viennent des pentes. Où donc s'alimente cette agglomération de gens qui pullulent à Stamboul, Péra et Galata! Tout vient d'Asie, dit-on, et des bords de la mer Noire de ce qui se consomme dans la métropole de l'empire ottoman.

Mais quelle est donc cette étrange constitution sociale qui ait amené un tel renversement des lois de la production que, là où les produits les plus indispensables à la vie devraient abonder, ils manquent si complètement qu'on est obligé d'aller les prendre par mer à des distances inouïes? La tradition hygiénique et religieuse importée des vastes et brûlantes plaines de l'Arabie en est seule coupable ici, et, par un inconcevable rapprochement de faits et d'idées, on est forcé de reconnaître que la théocratie chrétienne, dans les mêmes conditions de climature, a engendré les mêmes résultats.

Est-il un régime qui ressemble plus à celui des Turcs que celui qui régit l'état pontifical! Chez les uns et les autres de vastes et fertiles plaines sont désertes; ici les corporations religieuses, les églises et les princes ecclésiastiques possèdent tout le sol; là ce sont des mosquées, des derwichs ou des pachas. Sous l'une comme sous l'autre domination la masse n'est rien, quelques élus la gouvernent; il semble que la douceur du climat, qui rend les races si tolérantes aux caprices de l'autorité, les rend aussi incapables des rudes travaux qui épuisent dans les pays chauds. Une dévorante administration, voilà le pouvoir; des bandes de fainéants, voilà le peuple.

## XXVII

Si l'on doit en matière de colonisation préjuger de la salubrité par les chiffres de la mortalité, celle des Français en Afrique était, il y a quelques années, trois fois plus forte que celle des Français en France, et, cependant, cette même mortalité sévit en France sur tous les éléments d'une population normale, tandis qu'en Algérie la population est principalement recrutée dans l'âge de la plus grande vigueur, puisque la plus grande partie de la population s'y compose d'individus de vingt à trente ans

(*Statistique médicale.* — Trolier, médecin en chef de l'hôpital civil d'Alger).

Sur 2,546 décès constatés dans les établissements civils des Français en Algérie, les enfants en fournissent 1,424. En même temps l'on n'y constatait que 1,528 naissances, ce qui ne promettait pas une colonisation bien rapide. Et, cependant, la plus grande partie de cette population européenne habitait les villes et se composait de cabaretiers, de fonctionnaires publics, de boutiquiers, de spéculateurs n'ayant pas à supporter les travaux des champs; et, parmi les victimes de la climature africaine, bon nombre venaient encore mourir en France et ne figuraient pas, par conséquent, dans les relevés des décès d'Algérie.

Une citation empruntée à un travail sur les fièvres d'Afrique résume complètement, à mon sens, la raison étiologique des maladies endémiques de l'Algérie.

« Que l'on se reporte, dit l'auteur, au tableau « que nous avons tracé ci-dessus du contraste de « la température des jours et de celle des nuits, ne « trouvera-t-on pas, dans cette périodicité naturelle « et constante d'influences extrêmes auxquelles « l'organisme est quotidiennement exposé, de quoi « suffisamment expliquer la tendance pour ainsi « dire obligatoire à l'intermittence des maladies « propres à un pareil climat » (Bertherand)?

Le soleil s'en va promptement à la fin du jour sous cette latitude, et, au crépuscule ardent de quelques minutes qui suit sa rapide disparition succède une rosée qui baigne la campagne.

Ce n'est donc pas l'intensité de la chaleur seule

qui engendre tant de misères : les contrastes si tranchés des diverses conditions de la climature algérienne, heurtant perpétuellement les organisations vulnérables, imprévoyantes ou mal défendues, y entretiennent une endémicité permanente contre laquelle les grands moyens généraux de l'hygiène sont bien moins puissants que les expédients individuels.

Les mêmes latitudes, sauf des cas particuliers d'exposition et d'altitude, donnent ordinairement les mêmes températures et les mêmes prédominances morbides, et, à cet égard, l'Algérie est, comme la Grèce qui n'est pas sans quelque analogie avec elle, dans une situation toute particulière d'insalubrité insidieuse.

« La Grèce est un pays malsain : les plaines fer-« tiles, les âpres rochers, les plages riantes, tout « recèle la fièvre. En respirant sous les orangers un « air embaumé, on s'empoisonne : on dirait que, « dans ce vieil Orient, l'air même tombe en dé-« composition. Le printemps et l'automne produi-« sent dans tout le pays des fièvres périodiques : « les enfants en meurent, les hommes en souf-« frent. » (About.)

En Algérie, le voisinage des monts Atlas et du grand désert produit des variations vives et fréquentes dans l'atmosphère ; les brises du Nord et le Sirocco, les neiges de l'Atlas, la constance et l'abondance des rosées, la fraîcheur des nuits qui en résulte influencent aussi dangereusement la santé des animaux qui s'exposent à leur action funeste qu'ils nuisent au parfait développement des produits du règne végétal. Nos troupes, en Afrique, ne retrouvèrent-elles pas en outre en 1836 dans l'expédition de Constantine, en 1838 dans l'expédition de Djimilah, en 1845 dans l'expédition de Bou-taleb, le froid qui les avait déjà vaincues en Russie !

Ensuite le peu d'eau que reçoit l'Algérie, comparativement aux Antilles, par exemple, tombe en peu de jours, au lieu d'être largement réparti. A des pluies torrentielles succède une sécheresse dévorante : ce qui explique la non réussite de bien des produits tropicaux en Algérie ailleurs qu'en serre chaude, au jardin d'essai aux portes d'Alger.

L'Afrique a plus besoin qu'aucun autre pays de se défendre contre l'humidité et la sécheresse : il y a peu de climats où les pluies d'hiver et de printemps soient plus abondantes et où celles de l'été et de l'automne soient plus rares, plus fantasques enfin. Le *Bulletin du Sig* l'exprime quelque part de la manière suivante :

« La sécheresse se prolonge, l'espoir des pluies « s'évanouit, et nous ne devons plus compter que « sur nous-mêmes pour l'irrigation de nos champs, « opération extrêmement utile et que nous serions « inexcusables de négliger, nous qui avons le bon- « heur privilégié de canaux » (11 février 1851).

Une autre publication relate des faits de même nature et des conséquences non moins désastreuses :

« Une sécheresse précoce et des myriades de « rats dans quelques tribus de l'Édough ont dé- « truit la totalité des récoltes. » (*Moniteur de la col.* juillet 1858.)

« La sécheresse a détruit les grains avant leur

« maturité dans le cercle de Tebessa, de même dans « celui de Batna. » (*Monit. de la col.* juillet 1858.)

« Il n'y a plus à se faire d'illusion sur la récolte « de l'année en Algérie ; la moisson ne justifiera « pas les désirs et les besoins des producteurs. » (*Monit. de la col.* 28 juillet 1858.)

## XXVIII

Les Arabes n'ont rien fait, dit-on, pour assainir l'Algérie, c'est vrai; mais, en matière de prophylaxie, ils font infiniment mieux que nous : traditionnellement ils abandonnent les lieux malsains au temps de leur insalubrité, sans attendre que la maladie vienne les en chasser ; nous autres Français, nous voulons y rester en luttant contre d'incorrigibles influences chaudes et humides, et, finalement, épuisés, nous concluons comme concluent les Arabes, après avoir enterré nos morts, par battre en retraite devant la malaria. Pendant l'été et l'automne, l'indigène déserte les lieux déclives, emmenant son bétail avec lui, pour se réfugier dans les lieux élevés où la fièvre et la dyssenterie ne sauraient l'atteindre infailliblement comme à la plaine ; il ne redescend des sahels ou de l'Atlas qu'accidentellement pour y prendre ses céréales, mais sans s'oublier jamais trop longtemps au milieu des influences paludéennes qui n'épargnent pas plus l'enfant du sol que le colon parisien transporté à grands frais dans cette terre promise pour y improviser des établissements agricoles destinés à fonctionner comme les fermes du Soisonnais ou de la Brie.

Sous Auguste Rome tirait ses blés de l'Étrurie

et des Gaules Cispadane et Transpadane, de la Chersonèse Taurique, de Chypre, de la Béotie et surtout de l'Égypte, de l'Afrique, de l'Espagne, des îles Baléares, de la Sardaigne, de la Corse et de la Sicile. La Sicile surtout était le grenier de Rome ; celle-ci devait fournir le dixième de ses récoltes en vertu d'un précédent, la loi hyéronienne établie par Hiéron ancien roi de Syracuse que les Romains, devenus maîtres du pays, se gardaient bien d'abroger. Actuellement il est encore obligatoire et moins avantageux que l'élève du bétail, dans la campagne de Rome, de cultiver un dixième au moins du sol en blé.

Jolis greniers, ma foi, que tout cela pour une population de 1,200,000 habitants suivant les uns, de 400,000, suivant Dureau de Lamalle et autres statisticiens! Quelque chose comme une centaine de millions d'hectares pour nourrir la trentième partie de la France au plus.

## XXIX

Le fermier romain et la climature qui pèse sur lui sont plus faits, l'un et l'autre, pour la vie contemplative et la pastorizzia ; on fait ainsi le moins d'avances possibles à la terre. Le cultivateur, là, coupe, détruit, épuise autant qu'il peut, mais il n'habite jamais son sol cultivable. Sous plus d'un rapport il ressemble infiniment plus au cultivateur arabe qu'à celui des régions tempérées. Dans un pays comme le Latium où l'on ne fait que labourer, semer et moissonner, c'est-à-dire où l'on ne travaille guère que par saccade, le prix des journées sera en certaines saisons si haut que le petit propriétaire se trouvera quelquefois dans l'impossibilité d'achever les ouvrages les plus nécessaires, de même en Algérie.

La Compagnie du Sig, elle-même, trouve la main-d'œuvre arabe si chère, qu'elle a dû y renoncer (Bulletin du *Sig*).

Le Kabyle même ne fournit que la demi-somme de travail d'un bon journalier européen, et nos bons ouvriers européens ne font jamais autant en Algérie qu'ils feraient en France selon M. Héricart. (4 août 1858, *Moniteur de la colonie.*)

L'Arabe serait un détestable travailleur, un pitoyable producteur selon M. Cl. Duvernois; sa sobriété est exceptionnelle, il est vrai, il consomme peu et loue ses bras à bas prix; mais tout cela se compense; il travaille moitié moins, et, quand il est fatigué, il suspend sa besogne. L'ouvrier du Nord, lui, va jusqu'au bout, jusqu'à l'épuisement, sauf expiation.

« On remarque qu'un Arabe ne peut exécuter « pendant plus de deux heures un travail qui né« cessite l'emploi des mêmes parties du corps (Cl. « Duvernois. » (L'Algérie.)

C'est parce qu'il ne mange pas assez, dit-on. Non, c'est parce qu'il vit chez lui comme il doit y vivre pour durer. Quand l'Arabe est accidentellement en situation de satisfaire son insatiable appétit, les comestibles en excès dont il se gorge l'enivrent et pour plusieurs jours.

Chez ses pareils comme chez l'Européen il cesse tout travail dès que la surveillance se relâche.

La main-d'œuvre arabe, en définitive, arrive à être

excessivement onéreuse. A défaut d'Européens, si l'on a recours aux Kabyles, le blé ne se coupe qu'à raison de 30 à 35 fr. l'hectare et la nonchalance des moissonneurs perd une partie de la paille; il faudrait se baisser pour couper à rase-terre; on la coupe le moins bas possible. Ceux-là qui veulent tout justifier affirment que c'est pour engraisser le sol, un sol qui va se reposer dix ans peut-être!

L'indolence est le fond du caractère arabe; son bonheur suprême est le farniente; s'étendre au soleil pendant plusieurs jours à la même place, alterner l'assoupissement avec le bavardage et la fumaison, gratter ses insectes, voilà son paradis; le travail est son purgatoire.

« Ceux qui calculent sur la main-d'œuvre indi-« gène dans leurs plans de colonisation se prépa-« rent de grands mécomptes : supposons 10 hecta-« res mis en culture industrielle, tabac, coton ou « pommes de terre; rien qu'en travaux de binage « chaque hectare exige cinq cents journées dans « l'espace de quinze jours à la saison favorable, « sinon la récolte est compromise.

« Donc il faut des bras. Or les bras des Euro-« péens manquent, il faut avoir recours aux Ara-« bes. Or, voici ce qui arrive presque invariable-« ment. 40 Arabes sont mis sur 10 hectares; le « premier jour tout fonctionne à merveille; mais, « dès le troisième ou le quatrième jour, ces étran-« gers salariés désertent un à un ; celui-ci est fati-« gué, celui-là a les fièvres, tel autre veut aller « retrouver sa famille; ainsi de suite jusqu'à ce « que tous aient déguerpi laissant leur travail in-

« terrompu. Passez le jour d'après devant un de ces « nombreux cafés maures échelonnés sur les rou- « tes, vous retrouverez tous ces déserteurs du tra- « vail étendus sur des nattes humant le café une « cigarette à la main. Avec les 10 ou 15 fr. qu'ils « ont touchés pour un travail incomplet et par « conséquent stérile, ils ont pour deux mois de « *kief*, c'est-à-dire, de repos et de jouissance, et il « serait bien inutile de les solliciter au travail, tant « qu'il leur reste 50 centimes. Pendant ce temps, « les colons s'arrangent comme ils peuvent. » (F. Ducuing.)

Et cependant il faut en passer par là, car :

« Ce n'est pas sur la main-d'œuvre européenne « qu'il faut compter pour opérer ce grand travail « de reconstitution de tout le sol arable en Algérie ; « remuer la terre, la défricher est un travail mortel « pour l'Européen. On a pu voir cette année à l'Ha- « bra un bataillon creusant des fossés d'irrigation « réduit en six semaines à 12 hommes valides. « Sur certains points de la province d'Oran, la « fièvre enlève un quart de la population. Les « colons, comme l'État, tournent dans un cercle « vicieux et cherchent à résoudre le problème « difficile de coloniser sans bras, sans main- « d'œuvre, à bas prix..... Avec l'impossibilité pour « l'Européen de se livrer sans danger à de fortes « fatigues pendant les chaleurs et la nécessité « d'une alimentation substantielle, comment en- « treprendre les dessèchements, les endiguements, « les irrigations qui peuvent assainir le pays, et « comment produire à bas prix sans esclaves ? (Héricart, *Moniteur de la colonie.*)

Suivant M. Héricart encore : « Le travail par « mains européenes reviendrait au double de celui « obtenu en France. » La nourriture peut s'évaluer à 50 fr. par mois et les gages à 45 fr. pour un ouvrier agricole. Les instruments de travail, chevaux, harnais, outils, etc., sont mal soignés et les services des charrons, forgerons et bourreliers se payent une fois plus cher que dans la métropole.

Quant à la viabilité, elle n'existe pas et les cours d'eau navigables manquent.

Les rapports officiels constatent l'existence d'un réseau complet de voies empierrées..... « La seule « route praticable en toutes saisons dans la pro- « vince d'Alger est celle d'Alger à Blidah (48 ki- « lomètres), et celle de Blidah à Médéah si une « roche ne s'y éboulait trois ou quatre fois par an.» (Cl. Duvernois.)

Sur de certains points des villages sont séparés de leurs terres exploitables par des ravins infranchissables au temps des pluies ; le Fondouck et la Souala, par exemple.

Et, à l'appui de ce qui précède, un des récents numéros du journal l'*Algérie* constate que : la voiture de Cherchell est arrêtée par l'Oued-el-Hachem débordée, celle de Marengo comme celle de Milianah par l'Oued-Djer, celle de Blidah aux abords de Bouffarik par un torrent improvisé au travers de la route, et que celle qui va de l'Arba à Alger n'a pas dû s'exposer à franchir l'Oued-Djema qui intercepte le chemin entre Sidi-Moussa et le relai du Baraki.

Avec tout cela, sur une période de douze ans,

années de sécheresse comprises toutefois, les produits agricoles sont moins considérables qu'en France et ces mêmes produits se vendent moins cher.

Toutes les plus enviables conditions de la vie besogneuse agricole en Algérie ne sauraient jamais équivaloir à celles d'autres pays infiniment plus prosaïques il est vrai, mais bien moins réfractaires aux exigences industrielles.

Il faut absolument aux plantations algériennes des travaux d'irrigation coûteux. Le planteur en Amérique, lui, n'en a que faire ; le bois nécessaire à ses constructions, il le trouve sur place et l'espace ne lui manque jamais. Le colon algérien s'obère toujours en bâtisses avant toute chose, et, quand il ne se ruine pas en plantations utiles c'est incontestable, le défrichement des palmiers l'écrase.

Enfin « les ouvriers ne peuvent vivre dans les « plaines assainies de l'Algérie qu'à la condition « de ne pas s'y livrer pendant la chaleur à des tra« vaux de fatigue. » (Héricart, *Monit. de la col.*, août 1858.)

Telles semblent se résumer les observations d'un colon après 12 années de séjour en Algérie. Quant à ces Chinois, ces Indiens, ces nègres du Soudan pour mettre le sol algérien en valeur, est-ce là une solution ? Et puisque toutes les questions de production en Afrique sont des questions de main-d'œuvre, puisque la cochenille à Java, l'indigo aux Indes, l'opium en Chine, le coton en Amérique, suivant M. Héricart (*Mon. de la col.*, 4 août 1858), et le blé dans les provinces danubiennes, doivent toujours s'y produire à meilleur compte que dans les conditions les plus favorables en Algérie, pourquoi ne pas chercher des ressources pour la colonie dans une autre voie qui n'use pas les colons à remuer le sol, pourquoi ne pas faire du bétail avant tout, comme la raison, la tradition semblent en vain le crier au désert, comme quelques rares colons le préconisent, M. Charles Bonfort, d'Oran, entre autres.

L'Algérie ne saurait être un marché à céréales; elle peut devenir la bergerie, le haras de la France. Ce qu'elle demande, ce ne sont pas des laboureurs, mais des bergers d'abord; c'est par là que la colonie doit faire les affaires de la métropole et les siennes propres, sans peine, sans efforts, sans sacrifices, et plus vite et moins cher assurément que par tous les procédés ruineux d'une colonisation inquiète et expérimentale. A ce prix-là seul, la Mitidja, le Tell et les steppes sont à nous; mais, pour atteindre le but, il faut recommencer la vie arabe en la perfectionnant. Les grandes exploitations agricoles dans le Tell et dans les steppes, tant que nos fermes du nord de la France ne peuvent marcher sans le concours des sapeurs et des manouvriers flamands, sont des conceptions chimériques au premier chef, alors qu'il ne répugne nullement de rêver ces vastes déserts, sous l'autorité française, servant alternativement de pâturages selon les saisons à d'innombrables troupeaux. Quelques abris et des réserves d'eau et de fourrages pour les instants de froid ou de sécheresse dispenseraient des trop longues migrations et perpétueraient la richesse pastorale aux portes de la Mitidja réser-

5

vée, celle-ci, à une destination mixte, à la production sur une échelle restreinte des produits cultivés les plus indispensables aux exigences locales, de l'olivier et de quelques primeurs pour la France, à l'engraissement enfin du bétail et du Tell et des steppes.

Les chevaux du S'ah'ara seraient une fiction selon les prosateurs; il dépend de l'autorité qu'ils existent réellement.

De même qu'à Buenos-Ayres la population européenne prospère en s'occupant de l'élève du bétail exclusivement (d'Orbigny et Parchappe), de même il peut en être en Algérie aux mêmes conditions de toutes sortes.

Une bonne fois pour toutes, laissons aux pays froids, à l'Écosse que l'on cite toujours pour modèle, les travaux des pays froids avec leurs produits obligés; les pays chauds ont d'autres exigences que l'on ne brave pas impunément, et, pour quiconque sait en user à point, ceux où le travail n'est qu'un accident donnent au moins la même somme de bonheur que ces pâles régions où il ne cesse pour le plus grand nombre qu'avec toutes les autres misères de la vie. Sans les Chinois, sans les nègres du Soudan auxquels des colonistes aux abois ont pu rêver, avec le superflu de cette population basque si sobre, si robuste et si bien préparée qui va déborder aux rives de la Plata, avec la population rurale qui surabonde dans nos montagnes des Basses-Alpes et des Cévennes, on peut refaire une Algérie habitée dans les lieux salubres à la manière des régions chaudes du midi de l'Europe, mais pas autre chose.

N'est-ce pas d'ailleurs par l'ordre patriarchal que les sociétés commencent ; l'Écosse elle-même en est un exemple; elle fut pastorale avant d'être agricole proprement dite; la période industrielle vient ensuite s'il y a lieu. Or l'Algérie ne fait que naître pour la France ; puisse-t-elle se dispenser d'avoir jamais ses manufactures !

L'industrie agricole perfectionnée, les cultures savantes s'expliquent aux portes des grandes villes; elles ne se conçoivent pas ailleurs, là où il n'existe que des sentiers arabes surtout. C'est l'industrie agricole préexistant à tout ce qui fait sa raison d'être qui a été la source unique jusqu'à ce jour de tous les mécomptes de la colonisation dans des lieux privilégiés même.

« Un recensement exact dans tous les villages de « la Mitidja prouverait que sur une moyenne de « 10 ans il y a plus de transmissions immobilières « qu'il n'y a de propriétés, et que, sur 5, il n'y a « pas plus d'un concessionnaire qui ait conservé « sa concession primitive. » (Jules Touzet, 1856.)

« Là, dans plus d'une localité, le morcellement « du sol en 3 ou 4 hectares est un obstacle à l'élève « du bétail. » (Cl. Duvernois.)

C'est cet acharnement à tourner et à retourner le sol sans bétail qui use les colons et qui les mène à des emprunts spoliateurs ; et c'est toujours un faux calcul, partout où la terre est sans valeur, de la mettre au régime des Flandres où les bras surabondent, où la fainéantise a plus d'inconvénients que le travail.

Eux aussi, les grands propriétaires romains, entassent terres sur terres et manquent d'or et de bras pour les faire valoir; ils sont tous endettés comme ceux d'autrefois et le métier d'usurier est toujours auprès d'eux le meilleur, exactement comme jadis. L'Afrique française, à cet égard, ressemble singulièrement encore à l'état pontifical.

De tant d'analogies il résulte que les Arabes cultivent leur sol comme les Romains, un peu plus mal seulement. Chez les uns comme chez les autres, la pastorizzia est le plus selon les exigences locales à tous les points de vue. La colonisation française, en Algérie, sous le rapport agricole, ne saurait prendre son enseignement ailleurs que dans l'Agro-Romano.

Les mêmes pratiques agricoles qui régissent une grande partie de l'État romain sont aussi celles des maremmes de Toscane. Là aussi, quand vient l'été, les rares habitants des plaines se sauvent dans les montagnes (de Tournon), là aussi de séculaires coutumes régissent la pastorizzia, et cependant la Toscane a toujours été bien gouvernée, avec sagesse et avec intelligence.

Dans le royaume de Naples et l'État pontifical, à la fin d'octobre, de nombreux troupeaux de moutons descendent des montagnes pour passer l'hiver dans la campagne de Rome; en juin ils retournent aux montagnes, une servitude générale de passage est réservée sur toutes les terres non ensemencées sur 40 mètres de largeur et par tête de bétail. Le possesseur du troupeau paie un droit léger destiné à indemniser le propriétaire des terres traversées, mais qui entre traditionnellement dans les profondes tirelires de l'administration.

Quelque chose de semblable a lieu en Algérie.

« Dans le Sahara les plantes que les premières « pluies font verdir sont merveilleusement bon- « nes quoique clair-semées; les chameaux, les « moutons épuisés par un long été, par les pâtu- « rages brûlés du haut pays que le froid empê- « chera de reverdir avant le printemps, s'y refont « en quelques jours. On les voit, quand le vent « d'ouest apporte les premiers nuages, se tourner « vers le sud et rester des heures entières immo- « biles, le cou tendu, sous les premières révélations « de l'instinct qui les pousse vers ces chauds et « succulents pâturages.

« A cette époque la migration vers le Sud est un « besoin imposé par l'instinct ou par la nécessité « à tout ce qui a vie; il arrive souvent que les cha- « meaux lui obéissent malgré leurs bergers, et que « des troupeaux entiers s'enfuient quand on les « retient trop longtemps dans les montagnes du « Nord. L'homme le subit comme l'autruche, « comme l'araoui, comme l'outarde, comme ses « chameaux et ses moutons. Les premières pluies, « les premiers froids les poussent invinciblement « vers ces chaudes solitudes, comme les premières « chaleurs les ramèneront vers le Nord et les mon- « tagnes où ils trouveront un printemps qui com- « mence à tiédir et des montagnes qui verdissent « à peine, en échange des lieux qu'ils abandonnent « desséchés par le soleil déjà ardent du sud. » (De Colomb, *Les Ksours et le Sahara.*)

De semblables phénomènes se sont produits en France pendant les tropicales sécheresses de l'été 1858; les troupeaux altérés au milieu des champs ne manquaient jamais, quand arrivait le convoi des eaux potables qu'on allait leur chercher au loin, de se diriger instinctivement à sa rencontre sans qu'il fût possible aux gardiens d'y mettre obstacle. M. Dupin l'atteste dans son discours au comice agricole de la Nièvre (septembre 1858).

Dans l'État romain, les moissons se font à peu près comme en Algérie, sauf qu'elles s'y font bien plus vite, car les mêmes influences régissent les mêmes nécessités. Dans l'Agro-Romano, les moissons commencent le 15 juin, et le battage du blé est terminé le 10 juillet. Tous ces travaux se font avec une fiévreuse activité, tant on redoute le séjour à la plaine; et cependant combien d'ouvriers succombent! Après le 1er juillet la nature paraît morte à la plaine; les pâturages sont déserts, desséchés, cuits, les arbres brûlés; le sol pulvérulent se déplace en tourbillons de poussière; plus d'oiseaux nulle part; un ciel pur, azuré sur tous les points, telle est la physionomie générale des plaines; les montagnes seules sont habitables; les grandes, mais permanentes chaleurs n'oscillent guère qu'entre 22 et 26° Réaumur au-dessus de zéro; rarement le thermomètre monte à 30°. La grêle trouble parfois pour un instant la transparence atmosphérique au milieu des plus chaudes journées. J'ai eu occasion d'observer le même phénomène en Grèce. En septembre enfin surviennent les redoutables fraîcheurs du soir; le mois d'octobre ramène la salubrité dans le pays romain, c'est le bon temps. Les grands contrastes du jour et de la nuit sont amoindris, la végétation renaît, les bestiaux descendent des montagnes, les fermes se repeuplent.

Les mêmes faits ne s'observent-ils pas en Algérie! Avant donc d'imaginer qu'il soit possible de faire autrement, ne serait-il pas plus sage de se demander pourquoi, dans d'autres pays moins brûlants déjà, l'on n'a pas fait mieux.

## XXX

J'ai avancé qu'il était, en Algérie, d'incorrigibles influences marécageuses contre lesquelles l'indigène ne songe pas même à lutter, qu'il se borne à fuir quand elles deviennent puissantes. Des colonistes, eux, ont proposé à la Métropole de les anéantir. Il en est un de nos législateurs, pas mal accommodant, de 1848, qui demandait à la nation 300 millions pour dessécher la Mitidja, quelque chose comme 120 mille hectares, dont 15 mille en marécages temporaires et 7 mille en marécages permanents.

Mais le dessèchement des bords maritimes de l'Algérie est-il possible sur tous les points? La plaine de la Seybouse est au-dessous du niveau de la mer, comme le lac Aloula; ni l'un, ni l'autre ne peuvent donc être assainis comme on l'entend généralement; et puis, d'ailleurs, la raison paludéenne, dans les pays chauds, n'est pas la seule raison pathogénique des travailleurs, hélas!

Non, les Arabes n'ont pas *manqué à la nature même et aux devoirs sacrés de l'humanité, en condamnant à l'état sauvage ou inculte une grande partie de cet antique grenier de Rome.*

Les Arabes vivent en Algérie comme le veut le climat et le sol; ils ont toujours à peu près cultivé celui-ci comme il peut l'être sous un régime turc, et jamais l'Algérie n'a sérieusement été le grenier de l'ancienne Rome. Tout ce que la nécessité impose de précautions hygiéniques aux cultivateurs romains se retrouve en Algérie à un plus haut degré encore.

L'agriculture traditionnelle des Arabes, ils devaient aussi la révolutionner ces colons de la rue St-Martin de Paris et du boulevard du Temple, guidés par ces novateurs fameux qui s'en allèrent un jour de belle humeur remettre en honneur la vie des champs au désert ! Le titi Parisien devait désormais enseigner le labourage aux pasteurs !

Mais on n'avait pas tout prévu : les colons, une fois *acclimatés*, ceux qui, par exception, soient restés sur leur glèbe, ont fait exactement comme les Arabes.

« Eux aussi *aimèrent mieux* subir les maux de la « nature que les peines du travail. » (Raynal.)

De l'entreprise de la colonisation d'Afrique par expédient parlementaire et administratif, il resta, avec 30 millions de moins, quelques squelettes vivants qui se débattirent un instant « contre la « maladie et la misère ; on l'a qualifiée d'assassinat « politique. On n'a dépeint qu'incomplètement la « désolation qui régna dans des établissements « créés sans intelligence et surtout sans entrailles. » (G. de Beauregard.)

N'en déplaise aux colonistes, l'Algérie, sauf le littoral et les alentours des villes, est un pays voué par sa nature à la permanence de la vie patriarchale, pastorale avant tout.

« Rien ne se renouvelle que les générations, sur « ce sol inaccessible aux vents et aux ondulations

« des contrées mobiles de la terre. Le désert les « protége contre nos vicissitudes de religion, « d'opinion, de civilisation et de mœurs; elles « voient tout changer autour d'elles sans changer « elles-mêmes. Attachées par la nécessité de la vie « pastorale à la glèbe de leurs déserts, ignorant les « villes, habitant la tente au lieu de la maison, « parcourant lentement mais sans cesse leurs soli- « tudes pour suivre comme des oiseaux de passage « les saisons et pour renouveler les végétations « broutées par leurs troupeaux, portant tout avec « elles dans le chameau, le cheval et le mouton, « leur seule richesse, capables de se rassembler « tout à coup en multitudes innombrables à la « voix de leurs chefs pour une guerre ou pour « une migration, sans souci de leurs demeures ou « de leurs approvisionnements, puisque le cha- « meau porte leur tente, le cheval leurs armes, le « mouton leurs vêtements et leur nourriture, elles « peuvent multiplier sans limites et déborder sans « obstacle sur les contrées qui forment pour ainsi « dire les bords de leur Océan. » (Lamartine.)

Tel est aussi ce pays des Numides, berceau de races éternellement primitives, notre patriarchale possession, patriarchale toujours comme au temps de Jugurtha.

La France a implanté là sa civilisation à la côte, mais l'indigène y vit encore aujourd'hui comme il y a 4,000 ans.

« Un beau jour l'administration française a voulu « amener les Arabes à construire des habitations « en leur promettant un titre de propriété incom- « mutable en échange d'une maison construite;

« ils ont, dans la province d'Oran principalement, « versé bien vite les 1,000 francs, prix estimé de « leur maison construite, pour avoir un titre de « propriété d'abord, et puis, parce qu'il fallait « obéir à l'autorité. Ces fameuses maisons arabes, « elles tombent toutes en ruine maintenant sans « jamais avoir été habitées. Comme s'ils avaient « voulu narguer le Beylick, les Arabes plantaient « leurs tentes à côté de ces maisons.» (F. Ducuing.)

Leur malpropreté fait une loi aux Arabes de ne pas habiter d'installation close dans un pareil climat. La maison, au bout de trois mois d'été surtout, serait un charnier. La tente, ils la secouent chaque fois que la nécessité les force à changer de place et la vermine les quitte pour un temps.

Et puis l'Arabe le plus pauvre aime à disposer de son temps à son gré, et son plus grand bonheur après qu'il a satisfait aux exigences du strict nécessaire, c'est d'aller chercher des nouvelles sur les marchés, de voir ses connaissances, d'assister aux fêtes comme aux enterrements, aux mariages, à toutes les solennités imaginables enfin. L'Arabe est tout ce qu'il y a de plus badaud au monde quand il ne boude pas.

Trouvera-t-il rien d'équivalent dans la condition de manouvrier de la colonisation? non, aussi n'accepte-t-il jamais la dépendance de salarié que pour un temps excessivement court.

L'Arabe ne saurait vivre confiné toujours à la même place, ni travailler chaque jour sous l'œil d'un maître; c'est l'espace, les allées et venues, la liberté, un fusil, la poudre, le tapage de la fantasia, un cheval, une belle selle qu'il lui faut, et, chez lui, la vie est alternativement très-active et très-indolente.

A ce vacarme, à ce bruit qui se fait là où les indigènes affluent succèdent ces délicieuses causeries de l'oasis, de la tente, du ravin que tant de peintres ont reproduites sans que le sujet, toujours le même, en soit pour cela épuisé.

Sous ces deux aspects l'Arabe est tout poésie. La pioche en main, il n'est pas même trivial, il est ridicule. Le travail au mode européen, c'est pour lui la même dérogation que pour l'Italien ou le Corse de porter le bagage ordinairement mis à la charge de la femelle marchant péniblement aux côtés du mâle fièrement installé sur une bourrique ou sur un caillon de montagne. Chez lui l'Arabe est soumis à des servitudes qui nous paraissent aussi exorbitantes qu'elles lui sont légères. Celles que nous lui imposons à la place lui pèsent énormément. La procédure de nos gardes-champêtres, de nos gendarmes, de notre police, le déconcerte et le bouleverse. Son cheval a galopé dans la rue, son mulet, sa vache ont été vus vaguer en liberté, lui-même a traversé un champ ensemencé, son bourricot a brouté le feuillage d'un voisin, ses moutons ont pâturé sur un terrain qui n'était pas le sien, il a coupé quelques canouches sur le bord du torrent ou quelques pieux dans la broussaille; les amendes, les fourrières, les dommages-intérêts et les frais qui s'en suivent dépasseront toujours la valeur des cadeaux qu'il était obligé de faire aux magistratures indigènes pour expier ses délits à la manière locale.

C'est là ce qui fait que *l'Arabe honnête*, *l'Arabe*

*tranquille*, comme le spécifie la *Seybouse*, aime mieux rester chez lui que d'émigrer chez les colons. Et s'il en est qui fassent exception, ceux-là ne sont pas les prix Monthyon de l'autochthonie.

Les Romains n'ont pas transformé l'Afrique en plusieurs siècles. Les Français feront mieux assurément, mais ne le proclamons pas trop haut, car, jusqu'à ce jour : « Partout où nous nous établissons, « les hommes fuient et les arbres disparaissent. » (Pélissier, 1852.)

L'agriculture sédentaire française, la grande exploitation agricole des céréales sera toujours ruineuse en Algérie dans les conditions ordinaires, car la main-d'œuvre, comme dans tous les pays chauds, y sera toujours à un taux exagéré. Nul ne travaille volontairement par une chaleur permanente de 30° centigrades à l'ombre. La culture arabe, loin des centres, est la seule qui soit économique en Algérie ; on y cultivera toujours jusqu'à concurrence du strict nécessaire, Dieu fera le reste. On grattera la terre aujourd'hui là, demain là-bas, pour la laisser reposer plusieurs années s'il le faut, nul ne songera jamais à la fumer, ni à la retourner comme on le ferait en France ; autrement la grande culture aboutirait à la ruine des plus riches, à l'épuisement des plus laborieux. Le climat le veut ainsi et les hommes n'y changeront rien.

## XXXI

Les montagnards de l'Atlas, a-t-il été dit depuis la dernière expédition de la Kabylie, seraient destinés à servir désormais d'ouvriers *acclimatés* aux colons de l'Algérie, comme ceux des Abruzzes en tiennent lieu dans les fermes de l'Agro-Romano! Mais alors, on ne doit pas craindre de l'affirmer, ce ne sera qu'aux mêmes conditions de toutes sortes. Ce n'est pas sans quelques calvaires que les bandes qui viennent d'au-delà de Subiaco moissonner dans la campagne de Rome retournent à leurs rochers. Le fier Kabyle, travailleur passable, ne restera pas toujours, plus que le sauvage Hernique, invulnérable aux influences du mauvais air, surtout s'il ose à la plaine ce qu'il ferait sans nul risque dans les sites bien aérés.

C'est qu'il en est des nécessités hygiéniques comme de toutes les servitudes naturelles; on peut les éluder par fois, mais on ne les heurte pas indéfiniment sans péril. L'homme de la montagne, au bout d'un certain temps à la plaine, ne tarde guère à sentir ses forces s'amoindrir, et, à la longue, d'homme d'*ella aria ottima*, il passe par degrés à l'état d'homme d'*ella pessima aria*.

Il existe un intermédiaire à ces deux extrêmes de l'échelle des êtres de l'humanité en Algérie, le Berbère des demi-plaines kabyles participe à la fois par sa physionomie et par ses mœurs, « de sa « double origine berbère et arabe, de ses doubles « voisins, de sa double existence de la montagne « et de la plaine.

« Par son instinct kabyle il est travailleur à demi, « par son instinct arabe, il est pasteur contempla- « teur et paresseux à demi; il élève des troupeaux, « mais il cultive la terre et vit à la fois de sa dou- « ble vie agricole et pastorale. Ses maisons ne sont

« ni en pierres comme celles des Kabyles, ni en « toile comme les tentes arabes; faites de torchis « ou de terre maçonnée entre des branches entre- « lacées, elles annoncent par leur construction « même les mœurs de leurs habitants : demeures « d'Indiens qui se façonnent sans peines, qui se « quittent sans regrets quand le sol est épuisé au- « tour d'elles, quand le caprice de l'émigration « prend à leurs hôtes demi-sédentaires, demi-no- « mades. » (Emile Carrey.)

Là, comme dans de certaines parties analogues de l'État Romain, la vie laborieuse et continue du Nord ou des lieux élevés est déjà outrecuidante, à plus forte raison à la plaine; celle-ci cesse là où le soleil suffit presque à tous les besoins.

Aux pays brumeux du Nord la vie confinée, factice, artificielle, la fabrique, la manufacture, la caserne, les théâtres, les salons, le bal et les assemblées législatives avec toutes leurs splendeurs et les misères qui en sont le cortége obligé.

Aux régions chaudes la vie en plein air, les clameurs, le débraillé des rues de Naples, l'espace, les moyens de respirer sans le sentir, la vie pastorale à tous les degrés jusqu'à l'état nomade; le plus d'oisiveté possible sans le spleen ou l'ivrognerie qui en sont les conséquences infaillibles dans les pays du brouillard.

Dans les situations intermédiaires, la vie mixte participant un peu de ces deux extrêmes, la vie agricole, savante, laborieuse et bien entendue, la maturité sociale enfin, l'action et la spéculation combinées dans une sage mesure.

Les limites extrêmes des pays froids n'autorisent

que des civilisations rudimentaires ou naissantes, comme les pays excessivement chauds ne comportent que des sociétés imparfaites, stériles ou impuissantes.

La loi des compensations est la plus universelle de toutes ; là où le sol et la climature ensemble rendent la vie facile, des misères inhérentes en découlent ; là où les libertés morales sont immenses, les droits écrits sont restreints ; là où ceux-ci sont étendus, des servitudes sociales impossibles en dérivent. Le travail à perpétuité est la loi de la société anglaise, le farniente l'aspiration de l'Italie méridionale et de l'Afrique. De monstrueuses exigences sociales se compensent à Londres par des licences exubérantes, et les incohérences napolitaines n'ont de frein que l'omnipotence d'une police inquiète et capricieuse.

« Au delà de 30 degrés au-dessus de zéro, les « chartes fondent ou éclatent. » (Th. Gautier.) Celles-ci ne s'imposent que dans les pays froids et tempérés, comme le travail.

## XXXII

Indépendamment des raisons métaphysiques, il en est d'autres encore qui mettent à néant tous les arguments des colonistes quand même.

Pour cultiver à l'européenne il faut que les terres soient susceptibles de cette culture, et la première condition est de pouvoir labourer presque en tout temps. En Algérie des sécheresses dévorantes succèdent à des pluies torrentielles. Cette funeste répartition des pluies fait que l'on ne peut labourer que pendant deux mois au plus par an.

Cette simple observation qui ne peut être comprise par les cultivateurs improvisés que nos villes envoient à l'Afrique, a profondément saisi les gens du métier.

« La prolongation de la sécheresse qui dure de-« puis près d'un an sans interruption commence « à causer un dommage grave. Les labours sont « difficiles, les semailles impossibles dans les ter-« rains non irrigables. » (Bulletin du Sig.)

« Le blé a manqué aux deux tiers, la sécheresse « se prolonge et empêche ou compromet les se-« mailles. » (Id.)

« Sécheresse presque complète suivie d'un peu « de pluie qui défonce tous les chemins. » (Id. — Décembre 1849.)

Telles sont les éternelles récriminations des colons laboureurs à la française contre la climature et le sol patriarchaux !

Les circonstances que je viens d'indiquer expliquent l'état nomade des Arabes, car la culture sédentaire ne saurait exister volontairement en face des sollicitations à la paresse et au vagabondage d'un si beau ciel, et l'insalubrité des lieux déclives, ceux où le sol soit ordinairement le plus meuble, ne permet pas toujours de s'installer d'une manière durable au milieu des terres d'alluvion où sévissent avec tant d'intensité, le miasme paludéen, une tiède atmosphère, les vents froids des montagnes, les brises du nord et le simoün. Nos colons européens eux-mêmes, en Algérie, ceux qui restent valides à la plaine au moins, ne participent-ils pas tous un peu de cette mobilité qui fait de l'Arabe en bonne santé un être instable par dessus tout. Avec une climature plus douce que celle de Naples, où est le besoin d'un gîte assuré pour les pauvres de ces splendides régions. Arabes, Lazzaroni, Gitanos ou colons entraînés à l'émigration par ce vague désir de locomotion et de changement qui pèse sur de certaines populations germaines toujours prêtes à partir, où sera le frein modérateur aux tendances suscitées par le climat !

En regard des difficultés à arriver vite surtout à un bien-être qui ne saurait répondre à tous les appels, il est si simple et si doux de se laisser aller à la contagion des habitudes locales, à la transformation de l'homme du Nord en homme du Sud, à l'acclimatement réalisé des pays chauds, au farniente chronique, confirmé, irrémédiable, à la vie bohême, errante, contemplative, si pleine de séductions qu'elle se perpétue irrévocablement parmi ceux qui en ont goûté les enivrantes langueurs, les philosophiques gueuseries au milieu d'une belle nature, dans de fantastiques paysages à dégoûter des préoccupations du terre à terre de la vie policée, perfectionnée et si misérable, nonobstant, de nos horizons maussades.

« L'Orient, c'est un lit de repos trop commode, « où l'on s'étend, où l'on est bien, où l'on ne s'en« nuie jamais, parce que déjà l'on y sommeille, où « l'on croit penser, ou l'on dort ; beaucoup y sem« blent vivre qui n'existent plus depuis longtemps. « Voyez les Arabes, voyez les Européens qui se « font Arabes pour avoir un moyen lent, commode « et détourné d'en finir avec la vie par un volup« tueux suicide... » (E. Fromentin. *Une année dans le Sahel.*)

## XXXIII

Tout le monde répète étourdiment un propos gascon qui semble ne devoir plus jamais se rectifier, tant il est accrédité aujourd'hui dans les esprits en France. On veut que l'ancien pays des Nomades (Numides, Numidie), ainsi nommé parce que ses peuples changeaient souvent de pâturages, ait été autrefois le *grenier de Rome*. D'après Pline, livre v, chapitre II, il ne fournissait que des *marbres et des bêtes féroces*.

« Aujourd'hui encore, comme autrefois, les nom-
« breux vaisseaux qui, chaque jour, viennent dé-
« poser à la côte d'Afrique les denrées de l'Europe,
« ne remportent, de la colonie, que des pierres
« pour se lester ou des soldats malades. L'Afrique
« est comme l'antre du lion : on voit bien sa ri-
« chesse y entrer, on ne la voit point sortir. » (Bulletin du Sig.)

Depuis quelques années, il est vrai, ainsi que je l'ai dit, les besoins de la métropole en céréales ont fait la fortune des indigènes surexcités à produire par des cours insolites.

« En 1854, l'Algérie a exporté pour 37 millions
« de grains. Elle en exportera peut-être pour 50
« millions en 1855, mais sans que la colonisation
« y contribue seulement pour un quart. En outre,
« les Arabes peuvent bien exporter pour une di-
« zaine de millions de laine et de troupeaux ; c'est
« donc une quarantaine de millions qu'ils absor-
« bent par année, et c'est tout au plus s'ils resti-
« tuent sur cette somme une quinzaine de millions
« au plus en impôts directs ou indirects, en achats

« de toutes sortes; c'est donc 25,000,000 de numé-
« raire absorbé par les indigènes. » (F. Ducunig.)

« L'Algérie produit annuellement 10 millions de « kilogrammes de laine, dont une partie est em- « ployée à la consommation locale et le reste ex- « porté principalement en France.

« La France fait venir d'Allemagne, d'Angleterre « et d'ailleurs pour une cinquantaine de millions « de laines que l'Algérie pourrait lui envoyer si « l'élève du mouton était mieux entendue et plus « généralement pratiquée.

« Mais encore, jusqu'à ce jour, ce sont les indi- « gènes qui ont fourni presque toutes les tontes. » (Benjamin Gastineau.)

Un des greniers de Rome d'autrefois à la côte la plus septentrionale d'Afrique, l'un de ses mille greniers composés, ceux-ci, de toutes les provinces maritimes de l'empire romain, ce n'était pas notre Algérie, mais bien la province d'Afrique (*Africa propria*), actuellement régence de Tunis, dans laquelle Pline place le territoire de Bysacium si fertile en grains (Pline, liv. V, chap. 2). Mille autres points du monde ancien contribuaient à fournir, de concert, le tribut de blé aux 1,200,000, suivant les uns, aux 400,000, suivant les autres, habitants de Rome sous Auguste, comme il a déjà été dit, quelque chose annuellement comme pour 13,000,000 de grains d'aujourd'hui dans ce dernier cas.

Il est un point sur lequel les Arabes entendent fort bien les exigences de leur sol. A cet égard, les vainqueurs devraient bien, avant d'agir, plus souvent prendre conseil des vaincus. Les merveilles que les Arabes avaient su opérer à si peu de frais en travaux d'irrigation, on les répare péniblement aujourd'hui après les avoir laissé détruire. C'est par les mêmes moyens qu'ils fertilisèrent l'Espagne et le midi de la France, et il en reste des traces encore.

Les conquérants amélioreront bien l'agriculture du littoral en Algérie, mais à la condition d'en mieux ménager les rares oasis.

Ce splendide soleil d'Afrique, un hygiéniste l'a dit assez déjà, n'éclaire que des endémies et des funérailles chez les gens d'Europe qui viennent en Algérie gagner leur pain à la sueur de leur front. L'immunité n'est acquise qu'aux êtres, passifs quand il le faut, pourvus du confortable ou résignés à la sobriété contrainte et à l'inertie que celle-ci impose. Nulle combinaison ne saurait remédier à la mortalité des enfants et des travailleurs ardents. Là, comme à Ardée, l'invulnérabilité aux influences climatériques n'est acquise qu'à ceux qui peuvent y jouir d'un farniente intelligent et ne pas subir ni les fraîcheurs de la nuit, ni l'insolation pendant un travail pénible.

Il en est de véritables laboureurs, possesseurs de quelques capitaux, qui se sont laissé prendre jadis aux amorces de prospectus fascinateurs; ils sont venus sur les dunes de Fouka, de Douaouda, sur les plateaux de Staouéli, jeter leur patrimoine, leurs sueurs, leur santé, et, les sept plaies d'Algérie aidant, après 2 ou 3 ans de lutte contre les séductions d'un sol funeste, ceux qui n'ont pas succombé à la tâche sont devenus terrassiers aux gages de colons nouveau-venus. C'est là l'histoire de ces familles de la Comté, de l'Alsace et de la

Lorraine, qui sont allées s'éteindre dans la misère des villages de Douaouda, de Zéralda et de tant d'autres lieux dans ce pays de tant de splendeurs et de déceptions, car, pour les beaux jours que le ciel donne à la terre, l'homme de *labeur* y vit l'été dans un état de malaise habituel, et, dans les saisons de transition, les alternatives de chaleur et de froid sont bien pernicieuses, bien plus dangereuses que les progressions climaturales des régions tempérées. Les choses se sont bien améliorées, dit-on, par là. On ne le nie pas, mais dans certaines localités les mécomptes durent toujours.

Le *Bulletin du Sig*, dans un de ses accès de fréquente misanthropie, hélas! trop motivés, s'écrie quelque part, en laissant tomber un coup d'œil de comparaison sur les misères de la colonisation :

« Que voyons-nous encore? Un village nous en-« toure dans de belles conditions d'existence, lui « aussi élevé à grands frais. Eh bien! une seule « mauvaise récolte et la retraite de la garnison ont « suffi pour ruiner tous ceux dont l'existence n'é-« tait pas solidement assise sur d'autres ressources « que les produits du sol. Ces concessionnaires de « Saint-Denis, des propriétaires, viennent tous les « jours nous demander du travail; c'est parmi eux « que nous recrutons nos ateliers de défricheurs. « Les fils de ces propriétaires s'engagent au service « de l'Union, ne trouvant pas à vivre sur leurs quel-« ques hectares (octobre 1849).

« Toute la France a suivi avec l'émotion du cœur « cette grande expérience des colonies parisiennes. « Que n'a-t-on pas sacrifié pour en assurer la pros-« périté! Le génie militaire y a épuisé son activité,

« les caisses de l'État leurs écus. On ne tardera « pas, en France, à connaître les résultats que nous « savons déjà. On apprendra que les colons usent « leur courage et leurs forces contre les difficultés « du sol, du climat, etc. (*Bulletin du Sig*).

« Les villages fondés à grands frais par le gou-« vernement il y a quelques années, la Stidia et « Sainte-Léonie, pour ne parler que de la province « d'Oran, se décomposent de jour en jour et de-« viennent une solitude au lieu d'une population « d'honnêtes et laborieuses familles, heureuses de « leur propriété nouvelle. Que voit-on dès aujour-« d'hui ? Une population de pauvres filles qui vont « se perdre à Mostaganem, à Oran, de femmes « éplorées et abandonnées dans leurs maisons, « d'hommes, les uns laborieux, les autres fainéants, « qui vont demander du travail ou l'aumône d'un « morceau de pain. » (*Bulletin de l'Union du Sig.*)

Dans la saison des pluies, les plus infimes ravins se convertissent instantanément en fleuves énormes, et, dans les chaleurs, tout est aride et desséché ; pas la moindre goutte d'eau en août là où, en décembre, il existait un lac ou une mer. Contre le vent ou la grêle, nulle défense nulle part. Les abris naturels contre toutes les intempéries, le vandalisme les a fait disparaître. Là où il existait quelque triste olivier, quelque maigre cyprès, le feu et la hache arabes ou les conquérants eux-mêmes ont saccagé sans nécessité, et l'on replante à la place un arbre d'Europe qui meurt ou végète comme tout ce qui vient de loin au pays berbère s'imposer à un sol et à une climature impitoyables dans leurs exigences.

Quand, par un soleil rongeur, l'Européen toujours actif, trop laborieux pour subir sans danger les inconvénients d'une insolation brûlante, s'aventure au milieu des plaines sans fin, lorsqu'il sent le besoin d'un repos, d'un peu d'ombre ou d'un abri contre le vent du désert, que trouve-t-il parfois sur son chemin? le palmier biblique, un balai au bout d'une gaule dans un sol sablonneux échauffé à 60 ou 70 degrés!

« Aussi le gouvernement désire-t-il le repeuple-« ment des forêts qui manquent à la province d'O-« ran et lui donnent un aspect si désolé. » (*Bulletin du Sig.*)

A l'instar de la terre de labour (Campanie), si bien plantée et si fertile, la Mitidja, pour être salubre, comme la campagne de Rome, comme les déserts de l'Inde, veut être protégée contre une insolation féroce. On l'arrange comme la Beauce, comme la Champagne-Pouilleuse, comme les steppes de tous les pays; on dénude le sol à outrance, on exile la fraîcheur et l'équilibre hygrométrique de lieux précédemment habitables, on défriche comme en Lorraine, sans rime ni raison, pour le plaisir d'étendre le sol arable qui excède toujours les besoins réels, et comme si ce n'était assez des palmiers nains à faire disparaître des terres déjà anciennement cultivées; et, quand la main de l'homme manque, on brûle les superficies comme en Ardenne, comme en Grèce. On anéantit l'avenir sans utilité pour le présent. Les générations à venir iront chercher leur bois plus loin, leur combustible dans les houillères présumées du Sahara!...

Bouffarik excepté, voilà la colonisation agricole en Algérie, celle qui veut procéder sans passer par la vie pastorale d'abord, et qui veut être adulte, sénile et industrielle en naissant.

Là où les bestiaux devraient prospérer, là où il existe des torrents et des verdures, les enzooties désolent les troupeaux comme les endémies accablent l'humanité. Quand la maladie ne tue pas le bétail, elle l'étiole.

« Les vaches d'Afrique sont stériles et ne don-« nent pas de lait (*Bulletin du Sig*).

« Les vaches arabes donnent 3/4 de litre de lait « par jour au maximum (Cl. Duvernois).

« Après le cheval, c'est le mouton qui préoccupe « le plus l'Arabe ; mais il n'abrite pas son bétail, et « celui-ci souffre. Quand il pleut trop fort seule-« ment, ses chevaux et ses moutons, la volaille, « les chiens, tout cela s'introduit dans la tente au « sein de la famille. L'insuffisance des soins de « toutes sortes est la source d'une mortalité exces-« sive dans les troupeaux. » (Benjamin Gastineau.)

La viande est fort chère par toute l'Algérie, et elle est à vil prix dans tout l'État pontifical, qui en exporte dans tout le littoral méditerranéen.

« La chèvre de Malte est peut-être, de tous les « produits de l'Algérie, la source la plus certaine « de bénéfices assurés » (Benjamin Gastineau).

Pour l'hiver 1857-58, on évalue la mortalité des moutons, faute d'abri et de nourriture, à 4 millions parmi les indigènes. Dans une tribu de la province de Constantine, celle des Haractas, la perte fut de 600,000, soit 77 p. 100 (chiffre officiel).

L'Algérie perdrait 2 millions de moutons chaque

année, pour 20,000,000 de francs (c'est là-dessus que l'indigène a besoin d'être vertement réprimandé), et 360,000 bœufs, sans compter ceux qui succombent exceptionnellement aux hivers rigoureux.

La terre semble devoir être féconde presque partout; dans les lieux déclives, le sol y est essentiellement riche. Mais si on a eu la force d'ensemencer, l'on n'a plus celle de récolter, ou c'est l'inverse, car les fièvres et la dyssenterie épuisent les travailleurs ardents.

« Nous aurons encore cette année fait la triste « expérience de l'inconvénient des travaux indus- « triels pendant les fortes chaleurs et l'automne ; « les ouvriers tombent malades et rien n'avance. « De juillet à octobre doit être le temps du chô- « mage. » (*Bulletin du Sig.*)

Souvent encore une autre déception surgit entre toutes les autres : les sauterelles, cette flagellation des peuples de l'Écriture, viennent encore rembrunir l'horizon déjà si ténébreux de l'industrie agricole ; elles arrivent quand ne viennent pas ou la grêle ou la sécheresse ou l'inondation ou le sirocco. Ce dernier parfois se manifeste avant la maturité et transforme en quelques instants les plus riantes espérances en mornes désespoirs. J'ai vu au mois de mai des céréales verdoyantes un jour, 48 heures après, desséchées et poudreuses, fragiles comme du verre, sous l'influence du vent du désert.

Dans les lieux sains, c'est-à-dire élevés, la salubrité est constante, mais le sol n'y est pas inépuisable. Sur de certains plateaux des bords de la mer, le sol reste meuble tant qu'il n'a pas été déchiré par la charrue, tant qu'il reste en pâturage; mais, dès l'instant qu'il vient à être divisé fréquemment, les brises du Nord, d'une part, le sirocco, d'autre part, emportent dans les lieux déclives ou à la mer tout ce qu'ils peuvent en soulever.

« Les autres merveilles que l'on raconte volon- « tiers de la fécondité des terres africaines sont à « peu près vraies une première, une deuxième an- « née; mais s'imaginer que cela durera indéfini- « ment sans fumier, serait la plus coûteuse des il- « lusions. En Afrique comme en France, la culture « épuise le sol; en Afrique comme en France, le « nerf de la guerre agricole c'est le fumier et tou- « jours le fumier (*Bulletin du Sig*), » et, à son défaut, la jachère, le repos plus ou moins prolongé de la terre, comme dans l'Agro-Romano, exactement.

Ces mêmes causes qui démeublent le sol cultivé, là où la salubrité permet qu'il soit cultivable, sévissent aussi pathologiquement sur l'homme de labeur. La dyssenterie règne là dans toute sa puissance; c'est ce qui fait une nécessité à l'Arabe d'un si vaste territoire et des plus variés, dont il habite les sites choisis, les endroits abrités.

## XXXIV

Madrid, capitale de la Castille et de la colique, ainsi s'exprimait le docteur Faure, Madrid à 1800 pieds au-dessus du niveau de la mer, Madrid, dont l'étymologie arabe signifie maison du bon air, ne doit qu'à sa position *salubre* par excellence et aux brusques transitions de température qui en résultent la plupart de ses infirmités endémiques. Comme sur tous les plateaux, dans de telles localités, la salubrité n'est réelle, en définitive, que pour ceux que le travail n'épuise pas, pour des pasteurs enfin, des moines ou des fainéants.

Par ces diverses considérations, on serait tenté de croire que les hautes montagnes dont le sol gras et noir est si meuble, sont aussi meurtrières; il n'en est rien. On ressent rarement, sur les pics les plus inaccessibles de la Suisse, ces furieux coups de vent qui balayent tout en Algérie sur les plateaux de moyenne élévation et dans les plaines. Les pâturages voisins des glaciers du Saint-Gothard, de Gourchen ou de la Furca sont parfaitement salubres, mais pauvres, mais inhabitables 6 mois de l'année, et les maigres plateaux d'Andermatt sont tout aussi exempts de dangers que les autres points élevés des grandes chaînes de montagnes. Il en est de même pour l'Atlas, quoiqu'à une latitude beaucoup plus chaude. Mais ces diverses localités seront toujours délaissées, et nul des colonistes ne songe à s'y substituer jamais aux occupants actuels.

En pleine Europe, sous la latitude de Paris, au sud des Carpathes, dans des contrées où l'hiver sévit toujours avec intensité, règnent de vastes déserts calcinés l'été par une chaleur torride; ce sont les steppes hongrois, semblables aux pampas de Buénos-Ayres, nus comme le Sahara, plaines immenses, meubles et sablonneuses, qui s'étendent de Pesth à Debreczin, et de Szégedin à Erlau, où l'on peut faire 10 lieues sans trouver une goutte d'eau, sans apercevoir nul vestige d'habitation. Ces mornes pâturages, féconds, pleins de ressources, indépendamment de leur analogie à l'œil avec les plus solennelles solitudes d'Angad, voient parfois s'y abattre, comme aux terres lybiques, des nuages de sauterelles qui suppriment en quelques instants jusqu'aux dernières traces de la plus infime végétation. La poésie de l'impénétrable complète en tous points la similitude : là aussi se produit le mirage aux fantastiques et insaisissables perspectives toujours renaissantes jusqu'au milieu des joncs des interminables marécages ; c'est Délibaba, la fée du Midi, des légendes des fils d'Arpad.

Le séjour, les repos de l'oasis sous ce ciel embrasé et sans limite, sur cette terre volcanisée qui exhale l'hallucination et le vertige, et la nuit douce, sereine et fraîche comme à Venise, ces feux des bergers et les fanaux des marchands vous reportent naturellement au temps des contemplations chaldéennes, à ces pasteurs de la Mésopotamie dont l'histoire sacrée a rempli notre enfance. Quand l'ouragan déchire ces horizons mystérieux, c'est comme une harmonie du jugement dernier. Ce vieux monde semble devoir crouler sous les puissantes rafales qui soulèvent le sol en de sombres tourbillons de sable qui aveugle et les bêtes et les gens.

« Des Hanovriens se sont établis dans la puszta « (bruyère) de Kengyel (Hongrie) ; ils ont com« mencé à construire des maisons en pierre, et « cultivent les champs d'une manière qui fait ho« cher la tête à notre population indolente. (*Mo« nit. de la col.*, 28 juillet 1858). Ils paient 150 flo« rins le joch de terre, et, suivant *l'Ost-Deutch-Post*, « l'affaire ne serait mauvaise pour personne. »

Le gouvernement autrichien aurait cherché en

outre, sans résultat jusqu'à ce jour, à attirer des Tyroliens pour coloniser en Hongrie, mais l'Amérique, nonobstant toutes les déceptions des colons suisses au Brésil, sourit toujours davantage à l'émigration tudesque.

## XXXV

L'agriculture, pour exister, se contente de bénéfices modestes, mais elle les veut assurés, et, en Afrique, là où le sol est opulent, rien n'est certain, rien que la maladie et la souffrance des êtres soumis aux *rudes* travaux. La fécondité du sol, des influences climatériques l'annihilent souvent. Pourquoi le sol est-il si meuble dans quelques endroits ? C'est que tout ce qu'il produit meurt sur place et l'engraisse indéfiniment, animaux et végétaux. C'est la décomposition organique qui fait que le sol est richement végétal, c'est elle qui le rend insalubre, l'humidité aidant. Faites disparaître la décomposition organique en vue de la salubrité, le sol s'appauvrira à la longue; mais les influences locales restant les mêmes, le sirocco, la sécheresse, l'inondation, l'humidité, les sauterelles et les maraudeurs arabes ou autres, on finira par n'avoir plus qu'une terre cuite ou des flaques d'eau à exploiter dans des conditions diverses de climature et de voisinage déplorables.

La sécheresse surtout et la mauvaise répartition des pluies pendant l'année rendent les labours, les semailles et les moissons difficiles ; les grands travaux de l'agriculture doivent se faire deux fois plus vite en Algérie qu'en France (Enfantin), exactement comme dans l'Agro-Romano. C'est pourquoi les Arabes se bornent, pour s'épargner quelque peine, à couper le blé au-dessous de l'épi, et ensuite à mettre le feu à la paille qui reste adhérente au sol. Leur méthode a trouvé son application ailleurs. Partout où le travail est une peine, là où la température est trop élevée, les anciens Romains se bornaient, comme les nouveaux encore, dans plus d'une localité brûlante, à couper l'épi et à le recueillir dans des corbeilles (Dézobry. — *Rome sous les Césars*). Dans de certaines régions de la campagne de Rome et en Sicile, on coupe toujours le blé à moitié tige, et on brûle le chaume sur pied (Didier. — *Campagne de Rome*), tout comme au temps de Virgile. Il en est de même, en Andalousie (Théophile Gautier). Tel est l'unique engrais du sol. Quant aux fumiers et aux immondices, c'est le parfum obligé des habitations arabes. A Rome, au moins, on les déverse sur les bords du Tibre; ailleurs, à Constantinople, à Smyrne, les chiens ou les porcs en font leur affaire, les hyènes dans quelques villes de l'Afrique centrale, dit-on.

Au temps des labours et des semailles, dans les pays chauds, les terres se crevassent, se fendillent à tel point qu'elles ne sont plus cultivables ; et si on a pu saisir, juste, à point, l'instant où elles ont pu recevoir le grain, quand il s'agit de récolter, c'est en s'exposant à la fièvre ou à la dyssenterie que les travailleurs entreprennent à grands frais la besogne. Au temps de la maturité des blés, des bandes considérables d'oiseaux en enlèvent tous les grains qu'ils peuvent, et il s'en échappe une bonne part encore au moment du sciage, la dessiccation aidant.

Les sauterelles ne sont pas toujours des calamités purement locales et temporaires. En 1724 et 25, tout fut détruit par les Djérad, jusqu'aux vignes même qui furent anéanties. Elles ne se sont pas reproduites depuis lors, et le vin de Blidah, jadis fameux, n'est plus. L'eau des fontaines fut infectée. Enfin un vent du sud fit cesser le fléau, en en précipitant la matière à la mer.

L'exploitation sédentaire, comme l'entendent nos fermiers de l'Ile-de-France, n'a pas été économiquement possible pour les Arabes; comment espérer qu'elle puisse le devenir pour les Européens? C'est le climat et le sol qui ont décidé du genre de culture propre à l'Algérie, et qui, de tout temps, en ont fait un pays nomade (maréchal Bugeaud).

Des forêts, il n'y en a que d'inexploitables comme en Corse à 2,000 pieds au-dessus du niveau de la mer.

Les quelques misérables bois du Sahel, ceux de Chaïba et autres tendent à disparaître depuis l'installation des colonies agricoles. Le système des coupes à l'allemande, applicable dans le Nord, en Suède par exemple, là où un soleil et des vents sans énergie ne sauraient dessécher un sol profond, granitique et froid, a des effets désastreux là où le sol devient calcaire et léger, là où sévit un soleil de plomb et des vents qui pulvérisent tout. Là l'ensemencement ne profite point, exactement comme sur les plateaux salubres, parce qu'ils sont élevés des bords de la mer où la terre reste meuble tant qu'elle n'est pas labourée et où elle devient rapidement aride sous l'action stérilisante des vents du nord et du sud après qu'elle a été remuée par la charrue dans des temps privés d'humidité.

En ouvrant le sein des forêts à l'action du soleil et des vents, par la hache ou par l'incendie, on a bien pu augmenter momentanément la somme des produits du sol, mais en engageant l'avenir forestier du pays. Enfin, l'Algérie manque si bien de forêts *exploitables* qu'elle tire ses bois de France et de Norwège.

De cours d'eau, il n'y en a que d'éphémères. Dans les plaines où le matin il n'existait pas le moindre filet d'eau, le soir, s'il a plu dans la montagne, il coule un fleuve qui intercepte les communications. En ces lieux-là tout est contraste, saisons extrêmes, été et hiver représentés par des sécheresses et des chaleurs excessives, des pluies torrentielles ; pas de cours d'eau permanents et les irrigations sont difficiles ; des vents désastreux déplacent la terre végétale divisée par la charrue lorsque les nappes d'eau ne l'ont pas déjà entraînée.

Ces températures, ces situations extrêmes créent des temps de chômage forcés, circonstances d'improduction qui n'existent pas dans les climatures intermédiaires à l'abri des incidents qui peuvent interrompre les œuvres en voie d'exécution.

L'Algérie, au point de vue agricole, semble devoir n'être qu'une serre chaude. Ce pays, destiné par les expérimentateurs à reproduire tous les biens de la terre, n'a ni les fruits, ni les légumes savoureux des régions tempérées. En dépit des plus vulgaires conceptions, ses splendides verdures ne donnent la viande de boucherie qu'à un prix trop exorbitant pour que l'ouvrier des champs trouve quelque avantage à se fixer au sol cultivable et non aux abords des villes. L'élève du bétail, dans toute société rurale, préexiste à la culture *industrielle* des céréales. En Algérie, on semble vouloir qu'il en soit autrement. On s'épuise à produire du blé à des conditions pénibles qnand on pourrait arriver à peu de frais à multiplier énormément le bétail par des soins bien entendus seulement. La céréale viendrait après et sans efforts.

Les premiers hommes sont pasteurs; de l'état pastoral ils passent à la vie agricole; de la vie agricole ils s'élèvent à un degré de civilisation croissante où les arts, les sciences, les industries créent des besoins nouveaux : ainsi doit procéder la colonisation algérienne.

Il y avait autrefrois des buffles utilisés dans les plaines basses de l'Afrique du Nord; maintenant il ne s'en rencontre plus guère autour de nous, depuis le VIIe siècle, que dans les régions insalubres de l'Etat pontifical et du royaume de Naples où ils sont d'un si précieux usage, et nul n'imagine d'en réimporter sur ces terres barbaresques où ils pourraient encore avoir un si fructueux emploi!

La Société d'acclimatation ne saurait-elle songer pour la Métropole ou pour la colonie, aux ressources que les pays d'alluvions, à l'ébauche de bons chemins, peuvent tirer de là?

L'Algérie, *ce vieux grenier de Rome*, ne peut guère normalement produire le blé qu'à 20 francs l'hectolitre, quand ceux de la mer Noire ne se vendent pas beaucoup plus de moitié; et, à 20 fr. l'hectolitre les colons européens ne font pas fortune. L'indigène seul bénéficie d'un cours si élevé.

« Le temps et les distances, si précieux pour « les colons qui ont des besoins incessants d'ap- « provisionnement et de débit, ne comptent pas « pour les Arabes. C'est là ce qui leur vaut le « monopole du marché. L'indigène qui voyage ne « se préoccupe jamais de son entretien : un peu « de farine délayée lui sert de nourriture; ses mu- « lets ou ses chameaux broutent l'herbe ou la « broussaille sur leur passage; cela dure deux « jours ou trente jours, peu importe. Pendant ce « temps son blé pousse et son troupeau vague à « la grâce de Dieu. Le commerce, qui paie 24 fr. « l'hectolitre de blé rendu à Tenez, n'a pas en- » core pu amener les Arabes du Chéliff à le vendre « 21 francs à Orléanville, bien qu'il offre souvent « jusqu'à 4 francs par hectolitre pour le transpor- « ter jusqu'à Tenez. Les Arabes ne comprenant « pas cette servitude du transport, craignent une « embûche, et ils aiment mieux toucher 24 francs « directement que 21 francs plus 4 francs par « ricochet (F. Ducuing).

« La concurrence des produits de l'Egypte et de « la Russie, où la culture coûte moins qu'en Algé- « rie, a été et est encore un empêchement à la « production et au peuplement de nos champs. » (Lettre de M. de Vialar et de Franclieu à M. Dufaure, 1847.)

« La provinee de Constantine, pour les grains, « ne peut rivaliser avec celle d'Odessa. » (Fortin-D'Ivry, colon, séance du 27 mars. — Société d'Afrique.)

L'abaissement du prix du blé, l'élévation du prix de la viande et celle des salaires des ouvriers ruraux indiquent cependant bien que l'agriculture française fait fausse route et que la production du blé est trop considérable, celle de la viande insuffisante et que, puisque les ouvriers des champs sont rares, il faut aviser au moyen d'en occuper le moins possible; et le remède, c'est l'élève du bétail en plus grande proportion substituée, comme en Angleterre, à la culture trop étendue du blé, de telle sorte que celui-ci ne surabonde plus et devienne plus cher, le bétail plus commun, le fumier aussi, et les bras besogneux moins nécessaires.

Si les colonies allemandes projetées en Valachie se réalisent, c'est de là que viendra désormais la redoutable concurrence des blés pour l'Algérie. L'ébauche de colonisation prussienne près de Tultza, ruinée par la guerre en 1854, donne la notion des résultats possibles d'une colonisation intelligente dans les fertiles provinces des bords du Danube.

Les fourrages abondent sur les rives du Sig, du Chéliff, de la Chiffa, du Mazafran, de l'Arack ou de la Seybouse, mais ceux qui les vont exploiter en rapportent la fièvre.

« Les travaux de la fauchaison exposent les « ouvriers à de graves maladies par suite de leur « séjour dans des localités malsaines. » (*Bulletin du Sig.*)

## XXXVI

La colonisation africaine, *au point de vue trop spécial de la culture des céréales, ne saurait donner les résultats qu'on en attend.* Le pays plat en Afrique n'est habitable, salubre qu'à la condition, pour le colon, d'y pouvoir mener la vie indolente et passive de l'Arabe pauvre ou la vie confortable mais circonspecte des riches indigènes, l'été et l'automne au moins. Elle est funeste à ceux qu'épuisent les privations de la misère et les excessives fatigues, source de toutes les causes de mortalité qui ont décimé nos troupes dans les pénibles campagnes du règne de Louis-Philippe et les rares colons sérieux des grandes plaines. Le travailleur persévérant et actif des brumes du Nord succombe vite à l'épuisement du soleil d'Afrique. Pour vivre, il doit s'astreindre à quelques-unes des pratiques de la fainéantise arabe. Dans le premier cas il meurt avant d'avoir créé la ferme qui doit, au dire de quelques-uns, lui donner le bien-être de la vie d'Europe cumulé avec les jouissances d'un ciel le plus souvent sans nuages, mais avec sauterelles, sirocco, inondation et sécheresse ; dans le second cas, il se fait Arabe pasteur, éleveur de chevaux, de moutons, de bœufs, de vaches, cabaretier, chevrier ou maraudeur.

Les Romains ont tenté pendant trois cents ans toutes les expériences que la France essaye aujourd'hui dans les sables du désert; ils ont bâti des villes isolées, perdues dans l'infini, sans lien entre elles, sans sécurité au-delà de leur enceinte ; Rome était maîtresse de la mer, elle n'avait pas à lutter contre l'obstacle invincible du fanatisme religieux, elle avait des esclaves à ses ordres. Quand la force vint à lui manquer, la civilisation d'emprunt qu'elle avait importée sur la terre patriarchale s'affaissa sur elle-même ; il n'en reste plus que le souvenir d'impuissants efforts contre les décrets providentiels.

Rome, sous Tibère, possédait l'Afrique depuis deux cent quarante ans, et cependant Tacfarinas était plus maître du pays que la maîtresse du monde; celle-ci commandait dans les villes, le partisan indigène dans la campagne.

La France possède la Corse, Algérie en miniature depuis bientôt cent ans, et ses riches terreaux sont toujours en makis ou en broussailles, et aussi incultes que par le passé.

La salubrité est complète sur les points élevés en Algérie; elle ne réside guère dans les lieux bas. L'altitude, on l'a dit, corrige la latitude; le Tell (plateaux), les Sahels (côteaux des bords maritimes), les lieux élevés enfin sont habitables, il est vrai, mais ils seront toujours pauvres. Quant à ceux qui croient pouvoir s'enrichir en vivant dans la plaine nue, ils échoueront souvent devant la maladie qui les y attend. Le Sahara (plaine basse) est un peu moins inhospitalier dans les sécheresses que le Falat, ce silencieux et aride désert qui mène au Soudan.

Si l'indigène, pendant la saison insalubre, se retire dans la montagne parce qu'elle est salubre et ne descend qu'accidentellement à la plaine, les colons européens, pour rester valides, ne doivent-ils pas faire de même! Mais alors, adieu tant de beaux rêves, les fermes de l'Ile de France dans la Mitidja!

En Algérie, loin des grands centres et du littoral, la vie arabe, pastorale, primitive, perfectionnée, serait possible pour les colons, mais la vie agricole française y constitue une funeste outrecuidance.

A Sétif les indigènes qui avaient six fois plus de

place et six fois moins de besoins ont continué à produire des céréales et des troupeaux à côté des colons suisses plus restreints dans les douze hectares qui avaient été concédés à chacun d'eux. Le sol du pays de Sétif convient cependant bien aux céréales et à l'élève des troupeaux, mais, pour les Européens, l'espace manquait. D'un autre côté les colons n'ont pu se livrer aux cultures maraîchères, parce qu'ils se trouvaient à cinq journées du littoral et hors de portée de tout centre d'approvisionnement et de consommation.

Enfin, ni le tabac, ni le coton ne viennent bien à Sétif. Si Sétif eût été aussi bien à quelques lieues seulement d'une grande cité comme Bouffarik, par exemple, où les européens produisent sur de petites superficies des denrées qui s'écoulent facilement à Alger, la situation eût été tout autre. En revanche, les Arabes ne sauraient entrer en concurrence avec les européens pour la culture des terres autour de Bouffarik ; là l'espace leur manque pour y vivre comme partout où la colonisation prospère, comme elle pourra prospérer par tout le littoral, dit M. Ducuing.

## XXXVII

« Bien des localités algériennes, Bouffarik,
« Bone, le Fondouck, Staouéli, ne méritent plus
« aujourd'hui la réputation d'insalubres qu'elles
« s'étaient assurées lors de leur occupation, » au dire de quelques-uns.

Je veux bien admettre que la mortalité est infiniment moindre là, aujourd'hui, qu'elle ne l'était autrefois, que l'agriculture prospère dans la subdivision de Blida (*Moniteur de la colonisation*, juillet 1858); mais ce n'est pas à dire pour cela que les influences endémiques locales aient été abolies. Si la mortalité adulte observée sur l'armée a été en décroissant à mesure que les précautions hygiéniques, dont l'expérience a démontré l'utilité, ont été introduites et que les causes d'insalubrité ont diminué (*Histoire statistique et médicale de la colonisation algérienne*, par Martin et Foley), c'est qu'aujourd'hui les grandes misères, les grandes fatigues et les immenses privations des temps de guerre et d'installation rurale ont fait place à un certain bien-être relatif. La paix dont on jouit actuellement en Algérie depuis 1840 laisse nos soldats plus en repos et leur épargne les cruelles fatigues d'où procèdent tant de maladies endémiques parmi eux. Toutefois, là où le travail de défrichement et de colonisation est imposé au soldat, la mortalité redevient toujours ce qu'elle a été dans les plus mauvais jours. Les fossés de l'Habra l'attestent.

La petite culture, avec un certain bien être résultant du voisinage d'Alger, peut faire que les colons luttent contre les mauvaises influences, mais celles-ci ne sauraient jamais être tellement atténuées que la grande culture des céréales fût viable à côté. Il n'est pas possible que, dans un tel climat, nos travailleurs osent sans expiation ce qu'ils feraient impunément dans des climats moins meurtriers. S'il meurt, en Algérie, moins de monde actuellement qu'autrefois, c'est bien plus au confortable des habitations et de la vie qu'il faut s'en prendre qu'à la transformation possible, après tout, dans une certaine mesure, du milieu climatérique dans lequel s'agitent les populations. C'est aussi le cas des colonies anglaises aux Indes où la mortalité est normale là où l'on ne cherche pas à forcer la nature par des travaux insolites de grandes et laborieuses cultures.

## XXXVIII

Il est des hygiénistes qui ont admis que l'endémie tuberculeuse excluait l'endémie paludéenne, mais, ils n'affirment pas que la partie marécageuse de la colonie doive servir un jour de correctif à un des plus puissants moyens pathologiques de destruction des régions tempérées. Tout ce que l'on peut prétendre, c'est que chaque climat a sa constitution médicale propre, dominante. Dans le Nord le froid provoque les maladies susdiaphragmatiques, dans les pays chauds les affections sousdiaphragmatiques, et là où les unes sont fréquentes, les autres sont rares. Les endémies, comme les épidémies, suppriment et remplacent à leur profit toutes les autres maladies. (Aubert-Roche.)

Pour mon compte personnel, je m'élèverai toujours contre cette étrange doctrine qui tend à faire admettre que la phthisie tuberculeuse n'emporte pas ceux qui en sont atteints à la côte d'Afrique, parce que tous les tuberculeux et tous ceux qui seraient destinés à le devenir meurent de la fièvre ou de la dyssenterie dans les pays chauds et marécageux avant que la tuberculisation ait parcouru toutes ses périodes; ce qui peut se résumer ainsi :

« Tout homme faible qu'on envoie en Afrique est

« un homme perdu. » (Maréchal Bugeaud. Discours du 19 février 1838.)

Pour les phthisiques, la route de l'Inde est la route du tombeau, et, dans ce pays où l'air que l'on respire dévore, les moindres germes de ce mal héréditaire éclosent et se développent avec une rapidité fatale.

Selon M. Collardot (*Thèse pour le Doctorat.* — Montpellier, 1858), l'été serait une saison nuisible aux phthisiques immigrés en Afrique.

Si les médecins colonistes ne formulent pas explicitement leur prédilection pour l'un ou l'autre des deux fléaux entre lesquels il faut opter dans l'esprit de la doctrine de l'antagonisme de la tuberculisation et des fièvres, ils donnent néanmoins à penser qu'ils préfèrent encore la phthisie tuberculeuse à l'endémie paludéenne en Algérie, puisqu'ils proposent *le dessèchement des marais de préférence avec les machines (syphons) après avoir, au préalable, supprimé toutes les voies de communication qui alimentent les amas d'eaux stagnantes, soit en opposant des digues à leur invasion, soit en leur creusant des lits de plus en plus étroits et peu profonds.* (Mémoire sur les fièvres, déjà cité.)

J'ai vu un débordement de la Chiffa et du Mazafran, j'ai vu la contrée toute entière qui s'étend de Blidah à Douaouda tranformée en quelques heures en un immense lac, et ceux qui ont été témoins comme moi de l'étrange spectacle qu'il nous a été donné de contempler pendant quelques semaines trouveront bien puérils de tels moyens d'assainissement.

L'exposé qui va suivre, dû à la plume d'un coloniste parfois enthousiaste, va faire mieux comprendre l'inanité des grands moyens curatifs proposés de l'insalubrité des champs si souvent désolés d'Algérie.

« La constitution géographique de l'Algérie, le « peu de distance qui existe entre les montagnes « sources des eaux et la mer, l'irrégularité des « vallées géographiques, le défaut de pente des « plaines privent naturellement le nord de l'Afrique « de grands cours d'eau réguliers, et les fleuves « navigables, les rivières encaissées sont ordi- « nairement remplacés par une multitude de « ruisseaux, de torrents, de cours d'eau intermit- « tents, alternativement impétueux ou desséchés « suivant la saison, et qui se perdent dans les « plaines en lacs, marécages ou lagunes. Les « rivières les plus importantes de l'Afrique, comme « la Seybouse, le Chéliff ont peine à se frayer en « été un passage jusqu'à la mer; la houle qui bat « perpétuellement en côte amoncelle à leurs em- « bouchures des barres de sable qui arrêtent leurs « cours et les font refluer en nappes d'eaux « stagnantes dans les basses plaines où elles se perdent. Les cours d'eau de moindre importance, « les ruisseaux et torrents ne communiquent pas « directement avec la mer; des dunes et bandes de « sable, souvent d'une grande épaisseur, leur fer- « ment complétement le passage et les séparent de « la mer par une sorte de terre ferme à travers « laquelle ils s'écoulent lentement par infiltration; « ce phénomène s'observe surtout dans la plaine « de Staouéli,

« Pendant la saison des pluies les torrents et

« ruisseaux grossissent, détrempent et déplacent « l'humus végétal au bas des plaines; en été les « vases sont mises à sec, et, comme les ruisseaux « n'ont plus la force de percer la barre ou de la « franchir, les eaux stationnent en marais dans les « moindres dépressions du terrain, et, privées « d'écoulement, elles ne peuvent se perdre que par « l'évaporation. Les détritus végétaux dont elles « sont chargées fermentent avec une terrible « énergie dans les boues fangeuses sous l'influence « de la chaleur, et les eaux qui sont la condition « indispensable de la fertilité en Afrique deviennent « aussi une cause active de contagion et de « mort.

« En Algérie, le ciel prodigue l'eau à la terre « pendant quelques mois, et la lui refuse pendant « le reste de l'année ; et, quoique cette contrée en « reçoive une provision plus considérable que la « France, elle est exposée périodiquement à des « sécheresses calamiteuses qui gênent et trop sou« vent détruisent la vie des animaux et des plan« tes. » (Buret, *Question d'Afrique.*)

Néanmoins et à coup sûr, à cause de tant de contrastes, pour les hommes d'imagination, l'Algérie a de décevantes beautés, des montagnes azurées que de vastes plaines reflètent sur leur surface unie, miroirs des plus splendides illusions, aussi féeriques que son désert, poudreuses comme le simoün. Une colonie productive ne saurait exister dans tant de poésie. La France peut cultiver là le colon contemplateur, y multiplier l'Arabe, rien de mieux, mais à la condition d'en bien déterminer le régime. L'indigène pourvoit à sa subsistance avec

36 fr. par an (2 galettes par jour) ; ses vêtements, il les tient de ses ancêtres ; il travaille tout juste pour acquitter ses redevances en y faisant le plus possible participer ses femmes (Josset, inédit).

« L'Arabe n'a pas de besoins et ne fait pas de « dépenses. Il traversera toute l'Algérie pieds nus, « un couffin de cuir rempli de farine rattaché à sa « nuque par une courroie. Quand la faim le presse, « il salive dans le creux de sa main, y met une « pincée de farine qu'il ramasse en boule, et il avale « philosophiquement cette pâtée. En voilà pour « toute la journée avec quelques gorgées d'eau prise « dans tous les ruisseaux qu'il traverse. Ce sont les « moins sobres qui mangent de la galette » (Ducuing).

C'est toujours là, à peu près, la diète des anciens habitants, mentionnée par Saluste, ainsi qu'il suit :

« Les Numides n'ont pas de peine à supporter la « soif, parce qu'ils se nourrissent ordinairement de « lait, et parce qu'ils ne salent pas la venaison, et « parce que, ne connaissant point les divers assai- « sonnements qui sont les aiguillons de l'intempé- « rance, ils ne mangent ni ne boivent que pour « apaiser la faim et non pas pour assouvir les « désirs d'un appétit désordonné. » (*Guerre contre Jugurtha.*)

## XXXIX

L'enfant du sol n'y croit guère, lui, à ces prétendus effets préservatifs du sulfate de quinine employé méthodiquement chez les sujets sains exposés à l'influence paludéenne. Son inaction circonspecte et instinctive et l'éloignement des localités tièdes et humides le sauvegardent mieux des calamités endémiques que tous les agents pharmaceutiques du monde. D'ailleurs l'expérience a déjà démontré aux plus fervents colonistes, non-seulement l'impuissance, mais encore les dangers de la prophylaxie médicamenteuse qu'ils proposent. La prescription prophylactique d'une bonne alimentation et d'un bon abri contre les fraîcheurs du soir et de la nuit, et surtout, pendant la saison des fièvres, l'abandon des lieux où elles sévissent, valent bien mieux que toutes les panacées imaginables.

Pour l'indigène, faire le mort, c'est le moyen de durer davantage en pareille occurrence.

Les hygiénistes recommandent de ne pas construire d'habitation au voisinage des flaques d'eau au niveau des plaines constamment humectées; ils les veulent, au contraire, sur un terrain très-élevé.

« Est-il rien de plus frappant que les traits qui « différencient les indigènes des plaines de ceux « qui habitent les montagnes; chez les premiers « une faiblesse générale d'organisation physique « et morale, un cachet de langueur pour ainsi dire » normal; chez les seconds une richesse de santé « et de vigueur corporelle alliée à une intelligence « développée » (Mémoire déjà cité).

L'un est l'homme *della cattiva aria* et de la *huerta de Valence, où les hommes sont des femmes et les femmes rien;* l'autre est l'enfant d'Alatri, l'homme de la Sabine, le vigoureux montagnard des sierras espagnoles.

La sieste ou repos au milieu du jour, en Algérie, en Italie, en Grèce, en Orient, en Espagne, paraît être à quelques médecins une chose *contre nature* : préoccupation théorique que l'expérience, que la tradition réfute ! Tous les habitants des pays chauds font la sieste vers 11 heures du matin jusqu'à 2 heures de l'après-midi. Tout le littoral méditerranéen dort une ou deux heures vers midi et ne s'en porte pas plus mal, au contraire. La chaleur, l'été sont l'instant du repos de la nature dans les pays chauds, comme l'hiver est celui des pays froids et tempérés.

Les médecins d'Afrique sont maintenant préservés des écarts de quelques-uns de leurs devanciers dans la carrière qui ne voyaient que dans de formidables doses de sulfate de quinine de secours efficaces contre les fièvres du pays. Aussi, ne voit-on plus aujourd'hui rentrer en France, comme il y a quinze ans, des légions d'individus tourmentés par la surdité, une céphalagie opiniâtre, des accidents intestinaux qui se dissipaient peu à peu, au fur et à mesure que l'époque de la médication s'éloignait davantage. En ce temps-là, l'infidélité dans l'exécution des prescriptions médicamenteuses avait fait forcer les doses, prescrire plus pour obtenir moins, il est vrai ; de là tant de mécomptes et d'étranges résultats dans l'exercice des mêmes praticiens. Nul ne saurait nier les merveilleux effets du sulfate de quinine administré à propos dans les fièvres des pays chauds, mais, en même temps, on ne saurait trop se mettre en garde contre l'abus, follement exagéré, d'un si précieux moyen thérapeutique.

Les douaniers, gardes de santé en même temps de tout le littoral méditerranéen des États pontificaux, sont tous plus ou moins hébétés à la fois par la fièvre qui les accable et par le sulfate de quinine dont ils se saturent. Le plus beau type dans l'espèce, c'est un sous-officier d'artillerie, chef de poste de la tour Saint-Michel, près Ostie, qu'il commande depuis plusieurs années sans avoir jamais pu se débarrasser des fièvres endémiques qui l'épuisent. C'était, quand je le vis, en 1853, un homme de 40 ans à l'aspect senile. Sa femme, splendide reste flétri d'une magnifique Transtévérine, âgée de 30 ans en paraissait avoir 60. Depuis plusieurs années, le praticien de Fumicine leur envoyait périodiquement leur provision de sulfate de quinine toujours fidèlement consommée et perpétuellement renouvelée. Le mari et la femme paraissaient toujours ivres ; le délire quinique était leur état normal, son excitation leur était nécessaire, comme l'eau-de-vie aux ivrognes, les épices aux gens blasés, dans ces épaisses murailles qui ne les protégeaient assurément pas autant contre les influences endémiques que contre l'action bienfaisante du soleil proscrit de ces massives demeures toutes imprégnées d'humidité au milieu des inextricables grenouillères des bouches du Tibre.

La diète complète est rarement d'une absolue nécessité dans le traitement des fièvres d'Afrique ; il paraît convenable dans un pays chaud comme l'Algérie de ne pas trop y astreindre les malades, le climat leur offrant déjà bien assez de causes de débilitation. Et, ce n'est pas trop fréquemment, en effet, que le médicament, là, comme dans l'Agro-Romano, le sulfate de quinine, recueille tout l'honneur des résultats à bon droit souvent aussi imputables à un bon régime alimentaire convenablement dirigé.

En vue de restreindre la mortalité dans l'armée et parmi les colons, on voudrait qu'il fût apporté plus de sévérité dans le recrutement des hommes destinés à l'Afrique et que l'on donnât plus d'extension aux corps indigènes.

Je crois, à cet égard, qu'il est difficile de faire plus que l'on ne fait déjà ; à moins d'extraire de France la fine fleur de la population valide pour en faire des pionniers, des défricheurs de maigres broussailles au profit de fantastiques colons ! et les colonistes peuvent-ils rêver la transformation de tous nos soldats ordinaires en manœuvres disciplinairement voués à la fièvre ou à la dyssenterie par l'école phalanstérienne !

## XL

Tout ce qui peut enraciner plus profondément dans les esprits le faux dogme de l'acclimatement comme on le conçoit généralement mène à d'amères déceptions.

« L'Arabe, jusqu'à ce jour a plus profité de notre « conquête que nous n'avons su tirer parti de sa « soumission. Loin de servir d'auxiliaire à notre « colonisation, avant trois ans il y aura plus de « journaliers européens au service des Arabes « qu'il n'y a aujourd'hui de journaliers indigènes « au service des Européens.

« Politiquement les Arabes se soumettent à « notre autorité, à cette force impondérable et « mystérieuse de la cohésion qui leur manque « et qui fait notre force vis-à-vis d'eux, mais,

« individuellement, ils nous raillent et nous dé-
« testent. Ils ont l'instinct et la conscience de leur « faiblesse individuelle en face de notre force « collective (Ducuing). »

L'Algérie, le pays des vastes espaces et d'ardent soleil ne saurait nous servir qu'à élever du bétail, quel qu'il soit, des chevaux et des moutons surtout; elle ne saurait être qu'un *immense haras*, qu'une immense bergerie, un grand champ d'oliviers, un jardin de primeurs, une position militaire, maritime et commerciale.

Enfin, si la définition admise de l'acclimatement a un sens, les conséquences qui en découlent les voici :

Un Français étant déposé en Algérie, par exemple, il est acclimaté quand ses goûts, ses habitudes et son organisation sont tellement modifiés qu'il ressemble autant qu'il est possible à l'Arabe, et, dès lors, la question de notre impuissance en matière de colonisation en Afrique est souverainement jugée, si celle-ci a pour but capital la culture des céréales.

S'il faut, pour coloniser l'Algérie, que les colons français se transforment en Arabes en vue de se perpétuer sur le sol, à quoi sert donc de poursuivre la transformation des seconds à notre image.

Dès l'instant que nos colons auront adopté le régime hygiénique des Arabes, régime essentiellement d'inaction dans la plaine, où seront donc les travailleurs pour opérer les travaux si variés de la grande culture, et, quand nous aurons civilisé les Arabes, ceux-ci n'auront-ils pas abdiqué dès lors leur aptitude à la production locale?

Il y a là deux alternatives fatales impossibles à

éluder; entre ces deux termes un idéal complet.

Des colonistes d'Algérie, à mon sens, s'abusent aux séduisants aspects du pays. Ils n'ont vu qu'un seul côté de la question, la richesse du sol dans les lieux déclives pour baser leurs théories. Toute autre considération semble avoir été méconnue par la plupart.

L'élève du bétail n'a été jusqu'à présent qu'un accessoire dans le but colonisateur, et, cependant, c'est là le côté *sérieux de la colonisation.*

La reproduction intelligente et multipliée des troupeaux n'exige que de la sécurité pour s'établir, et, pour se régler et donner lieu à des profits réels, que du temps.

La vie pastorale raisonnée, là est tout l'avenir de la colonisation; tel doit être jusqu'à nouvel ordre le régime des vastes plaines basses du nord de l'Afrique; l'émigration dans les sahels, dans les lieux élevés en dérive obligatoirement vers l'instant où sévissent les endémies qui résultent des alternations de fraîcheur, de froid, d'humidité, d'insolation ardente et d'intoxication.

Autour des grands centres, la petite culture des céréales et la culture maraîchère, mais sous la sauvegarde de toutes les lois d'intuition hygiénique locale.

La production au prix du moins de travail possible avant tout.

3 milliards et 200,000 hommes pour le moins, non compris les colons, consommés depuis vingt-huit ans en Algérie; l'expérimentation doit être satisfaite; à la tradition perfectionnée maintenant de reprendre la colonisation en sous-œuvre.

L'Algérie, enfin, envisagée différemment, est trop belle pour se mettre à la diète de la Finlande ou de toute autre région septentrionale incapable, au prix d'un travail fixe, régulier et soutenu, de donner autre chose que des céréales, et sa splendeur infinie ne répugne pas moins à l'implantation du régime manufacturier sur son sol vierge de la vie confinée des pays voués à la bière et au gin.

Les sectaires d'une colonisation qui ne soit pas la colonisation pastorale presque exclusive peuvent rêver la substitution des champs de blé de la Beauce aux herbages touffus et spontanés du Tell, les produits expiatoires des grandes concentrations industrielles à ceux de la vie contemplative et semi-fainéante jusqu'à concurrence du nécessaire absolu; la réalité, plus poétique que leur imagination, envers et contre tous, renaîtra toujours de la paresse fille du climat et derrière les factices et temporaires importations de la vie laborieuse et obligée de pays incolores.

La Mitidja avec sa bordure de montagnes indigo au sud, ses échappées par les créneaux du Sahel sur une mer d'azur au nord, ses bosquets, qui émaillent les vallons, impénétrables aux rayons d'un soleil calcinateur, la Mitidja avec ses futaies de roseaux, ses massifs d'inextricables broussailles, ses ravins, ses torrents, ses marécages, sa diaphane lumière, ses tons mystérieux et accentués restera à jamais le domaine inspirateur d'un peuple d'enthousiastes; la prose n'a rien à faire par là, et la terne et monotone comptabilité rurale des Flandres et de l'Angleterre, importée dans tant de magnificence, viendra toujours échouer devant cette plus belle œuvre de Dieu, l'âge d'or de toutes les légendes, la vie patriarchale, la seule digne d'un tel théâtre.

D'ailleurs, où prendre de ces hommes, assez stoïques sous un ciel incomparable, pour aller s'étioler au méphitisme de la filature ! Imagine-t-on aussi qu'il puisse en exister là beaucoup de si résignés qu'ils s'enterrent dans des mines ! De celles-ci, il en est que l'on exploite dans les montagnes de la province d'Oran par des bras espagnols. Les indigènes jusqu'à ce jour n'ont jamais pu s'y prêter qu'aux transports.

Ce soleil si puissant qu'il exclut la nostalgie des reminiscences de l'expatriation, quel sera celui qui voudra le répudier d'une manière durable pour la lumière blafarde des souterrains métallurgiques en vue d'un morceau de pain, quand la vie au grand air le donne déjà si libéralement, de l'aveu des colonistes même, aux plus vagabonds de tous les Arabes, et, de plus, assaisonné de ces fruits sauvages qui poussent tout seuls dans les plus pauvres recoins d'une contrée à nulle autre pareille à tous les égards.

L'Algérie, dans son ensemble, doit rester ce qu'elle fut toujours déjà depuis si longtemps : un débris du vieux monde.....

« L'Afrique a été de tout temps la terre des « prodiges et des monstres. Demandez plutôt au « vieil Homère, et il vous dira que c'est sur son « rivage enchanté que mûrissait le *lotos*, ce fruit « si doux qu'il faisait perdre à ceux qui y goûtaient « le souvenir de la terre natale. » (L. Du Courret).

Des sites particuliers comme Bouffarik, par

exemple, peuvent, initialement à grands frais, reproduire aux portes d'Alger les merveilles que la Campanie, la Terre de Labour, perpétue depuis des siècles aux portes de Naples, j'y souscris, mais sans rien concevoir de plus que ce qu'une physionomie commune et des conditions identiques de toutes sortes laissent imaginer.

Des localités et un sol privilégié près des grandes agglomérations sont voués à de réelles transformations, mais tout ce qui s'éloigne des cités doit rester au bétail, aux bergers, aux éleveurs.

# ERRATA

---

|  |  | |  |
|---|---|---|---|
| Page 2, | ligne 3, | — des organes *contenus*, | au lieu de *contenues*. |
| — 6, | — 24, | — des influences *qui*, | — *que*. |
| — 18, | — 26, | — steppes *dénudés*, | — *dénudées*. |
| — 35, | — 13, | — *vêtissent*, | — *vêtent*. |
| — 48, | — 18, | — lisez : du Bengale *et* d'Arracan. | |
| — 50, | — 3 et 4, | — restreintes, *à* l'activité nationale ou individuelle sans objet, fournit à l'aliénation, etc. | |
| — 64, | — 14, | — *peuvent*, | au lieu de *peut*. |
| — 93, | — 30, | — *étranges*, | — *étrangers*. |
| — 94, | — 22, | — fièvre *a enlevé*, | — *enlève*. |
| — 134, | — 27, | — *assurée*, | — *assurées*. |

www.ingramcontent.com/pod-product-compliance
Ingram Content Group UK Ltd.
Pitfield, Milton Keynes, MK11 3LW, UK
UKHW021054200726
13857UKWH00003B/915